Orbis

ELISABETH FISCHER
VEGETARISCH KOCHEN

Gemüse

ORBIS VERLAG

Bildnachweis Gemüse:
Mosaik Verlag/Christof Piepenstock 13
alle anderen Fotos: Gerhard Poggenpohl

Bildnachweis Pasta:
Mosaik Verlag/Brauner 14/15
alle anderen Fotos: Gerhard Poggenpohl

Genehmigte Sonderausgabe 2000
Orbis Verlag für Publizistik, München
in der Verlagsgruppe Bertelsmann GmbH

Layout und DTP: Filmsatz Schröter
Reproduktionen: Artilitho, Trento
Druck und Bindung: Mladinska Knjiga Tiskarna,
Ljubljana/Slovenija
ISBN 3-572-01090-X

INHALT

Reif schmeckt's am besten: Mit den Jahreszeiten kochen

Rund ums Jahr werden sämtliche Gemüse in den Einkaufstempeln angeboten. Die Jahreszeiten sind außer Kraft gesetzt, der Natur wird ein Schnippchen geschlagen. Tomatenpflänzchen dümpeln in Nährlösungen, die Tomaten werden rot und rund ohne einen Sonnenstrahl. Daneben schwimmen Paprikaschoten, gelb glänzend und prall aufgebläht. Einen kleinen Nachteil hat diese schöne, neue Gemüsewelt: Ihre Früchte schmecken ziemlich fad.

Im stressigen Durcheinander des Alltags läßt sich das Essen in schöner Harmonie mit den Jahreszeiten oft nicht verwirklichen. Man ist froh, wenn man nach Arbeitsschluß noch eine Aubergine im Supermarkt erwischt. Aber ab und zu – und weil's so gut schmeckt – immer öfter, sollten Sie sich das Gemüse aus Ihrer nächsten Umgebung gönnen, am besten aus biologischem Anbau. Denn im Frühsommer sind die Kohlrabi am zartesten, und das erste Weißkraut ist so mürbe, daß seine Garzeit gegen null geht. Pralle Kürbisse lachen im Herbst aus kugelrunden Gesichtern, und der Tomatensommer will genutzt sein. Riechen Sie an den Paradiesäpfeln; von der Sonne durchwärmt, gereift, duften Tomaten intensiv. Bei feinen, grünen Böhnchen muß man den richtigen Zeitpunkt erwischen: Jung sollen sie sein und knackig. Steinpilze und Pfifferlinge wollen im Sommer und Herbst, wenn schon nicht gesucht, dann auf jeden Fall gekauft sein.

Heitern Sie sich bei einem Marktspaziergang auf. Es gibt keine entspannendere Einstimmung aufs Wochen-

ende, als der Besuch eines Gemüsemarktes am Samstagvormittag. Selbstverständlich gehört das Frühstück im Marktkaffee dazu. Aber dann kommt die Inspiration, die Vorfreude auf das nächste Essen. Ein

Bund zuckersüßer Karotten, hauchdünne Erbsenschoten; kräftig, trotzdem kleinblättrig der Wurzelspinat. Am Spargel kann man nicht vorbeigehen, und der Kerbel ist ein Muß. Das Ergebnis dieses Einkaufs: Frühlingsgemüse mit Kerbelsauce (S. 27). Guten Appetit!

Rund ums Jahr …

beliefert uns Mutter Natur mit vitaminreichen, frischen Gemüsesorten:

Gemüsesorte	Jan.	Feb.	März	April	Mai	Juni	Juli	Aug.	Sept.	Okt.	Nov.	Dez.
Artischocke				■	■	■	■	■	■	■	■	
Aubergine							■	■	■	■	■	
Blumenkohl					■	■	■	■	■	■	■	
Bohnen, grüne					■	■	■	■	■	■		
Brokkoli					■	■	■	■	■	■	■	
Chicorée	■	■	■							■	■	■
Erbsen				■	■	■	■	■				
Fenchel					■	■	■	■	■	■	■	■
Grünkohl	■	■	■								■	■
Gurken					■	■	■	■	■	■		
Kohlrabi					■	■	■	■	■	■	■	
Mais							■	■	■	■		
Möhren	■	■	■	■	■	■	■	■	■	■	■	■
Paprika							■	■	■	■		
Porree				■	■	■	■	■	■	■	■	
Rosenkohl	■	■							■	■	■	■
Rotkohl	■	■	■				■	■	■	■	■	■
Sellerie	■	■	■	■					■	■	■	■
Spargel				■	■	■	■					
Spinat			■	■	■	■	■	■	■	■	■	■
Tomaten					■	■	■	■	■	■		
Weißkohl	■	■	■	■	■	■	■	■	■	■	■	■
Wirsing	■	■	■		■	■	■	■	■	■	■	■
Zucchini						■	■	■	■	■		

Gemüsekochen fängt beim Schneiden an

Das Öl ist heiß, Paprika, Karotten, Pilze und Zucchini landen irgendwie in der Pfanne, doch der Mißerfolg ist schon vorprogrammiert. Selbst ein Meisterkoch würde angesichts dieses Desasters nur hilflos mit den Schultern zucken. Was ist geschehen?

Die Frage ist reif fürs Fernsehquiz:
Wann ist alle Kochkunst vergebens?

Die Antwort: Wenn das Gemüse nicht perfekt geschnitten ist. Wenn eine Karottenscheibe 2 cm dick und die andere 3 mm dünn ist, die festen Paprika größer geschnitten sind, als die weichen Zucchini. Folge dieser Unregelmäßigkeiten: Die dünne Karottenscheibe ist zu weich, die dicke noch steinhart, die Zucchini matschig, die Paprika knackig. Das Ergebnis, im Essen wird herumgestochert, man fischt sich gerade genießbare Stückchen heraus und Köchin oder Koch, total gefrustet, wirft den Kochlöffel weg. Dabei könnte alles so einfach sein!

Sorgfältig schneiden – das Geheimnis
des perfekten Gemüsegerichts:
Jedes Gemüse seiner Garzeit entsprechend
in gleichmäßig kleine Stücke.

Jetzt taucht sofort die nächste Frage auf: Wie lang ist die Garzeit zum Beispiel für Karotten? Kommt auf das Gericht an, lautet die überhaupt nicht ironisch gemeinte Antwort. Für ein chinesisches Gemüsegericht, das in 8 Minuten fertig sein soll, werden die harten Karotten in 3 mm dünne Scheiben geschnitten. Die weichen Zucchini, die nur für

die letzten 4 Minuten in den Wok kommen, dürfen dagegen 5 mm dick sein. Das gleiche gilt, wenn Karotten und Zucchini bei schwacher Hitze in wenig Flüssigkeit gedünstet werden.

Steht hingegen ein Eintopf auf dem Programm, bei dem die Karotten länger schmoren, müssen die Stücke 1 cm dick sein. Wobei sehr große Karotten vorher längs durchgeschnitten werden. Die Champignons für diese herzhafte Speise mit der etwas längeren Kochzeit von ca. 15 Minuten sind je nach Größe halbiert oder geviertelt.

Das richtige Messer

Gemüse perfekt schneiden können Sie nur mit einem großen, scharfen Messer. Ein scharfes Messer fährt auf sanften Druck durch die härteste Selleriewurzel. Ein stumpfes Messer pressen Sie verzweifelt auf den zartesten Kohlrabi, es rutscht ab – direkt in den Finger. Mit einem stumpfen Messer gelingt es auch nicht, den Kohlrabi in gleichmäßig feine Scheibchen zu zerteilen, weshalb von vornherein feststeht: Das Kohlrabigemüse in Zitronencreme wird zwar ganz gut, aber leider nicht hervorragend.

Darum brauchen Sie – soll das Kochen Spaß machen und das Essen schmecken – ein gutes Messer. Hochqualitative Messer sind nicht billig, aber die Investition lohnt sich. Neben großen Messern aus hochwertigem Edelstahl sind japanische Gemüsemesser, die mit einem feinen Schleifstein rasierklingenscharf geschliffen werden, besonders empfehlenswert.

Ihr Messer haben Sie jahrzehntelang. Nach einer kurzen Gewöhnungsphase werden Sie es immer mitnehmen: Nach Italien in die Ferienwohnung, zu Tante Helene, für die Sie das Geburtstagsessen kochen, zu Maria, die von der Idee besessen ist, einen Vorrat von 20 kg grünen Bohnen einzufrieren und die immer noch nicht glauben will, daß man dazu das richtige Schneidewerkzeug benötigt…

Schonende und schnelle Garmethoden

Gemüse schmeckt am besten, wenn es nach minimaler Garzeit knackig frisch auf den Tisch kommt. So behält es seine Farbe, das zarte, unverwechselbare Aroma und – auch nicht zu verachten – die schützenden und aufbauenden Vitamine. Gemüsegerichte sind Schnellgerichte, denn Gemüse darf nicht verkochen, sein Idealzustand ist »weich mit Biß.«

Kochen über Wasserdampf

Gemüse aus dem Wasserdampf, eine Freude für Augen und Gaumen. Strahlend grün zeigen sich die Brokkoliröschen, leuchtend orange die Karottenscheiben. Dieser Taufrisch-Effekt tritt allerdings nur ein, wenn das Gemüse eine sehr kurze Garzeit hat (z. B. Brokkoliröschen und Karottenscheiben 8 Minuten). Wird zartes Gemüse länger dem heißen Dampf ausgesetzt, leiden die kräftigen Farben.

Gemüse pur kommt aus dem Dampf, mit reinem, unverfälschtem Geschmack. Deshalb wird die Sauce dazu auch extra gereicht: Eine milde, lachsrosa Paprikasauce zu Blumenkohl (S. 35) oder eine pikante Sesamsauce zu Zuckererbsen, Karotten und Rettich (S. 40).

Für das Garen über Wasserdampf brauchen Sie einen gelochten Siebeinsatz und einen Topf mit gut schließendem Deckel. Empfehlenswert, da preiswert und praktisch, sind Siebeinsätze aus Edelstahl, die sich fächerförmig ausbreiten und damit jeder Topfgröße anpassen. Auch die altbewährten Dampftöpfe gibt es jetzt wieder zu kaufen. Praktisch, da gleichzeitig verschiedene Gerichte gekocht werden können, sind mehrstöckige Dampftöpfe, die sie in asiatischen Geschäften finden. Wichtig:

Das kochende Wasser darf nicht mit dem Gemüse in Berührung kommen. Aus dem Dampf kommt aber nicht nur knackiges Gemüse. Von heißer, feuchter Luft umschmeichelt gelingt auch der käsewürzige Spinat-Pilz-Pudding in kleinen Portionsförmchen (S. 36) oder dekorative grüne Wirsingpäckchen mit einer nussigen Ricottafüllung (S. 39).

Dünsten

Gemüse wird kurz in wenig Fett angebraten, dann zugedeckt im eigenen Saft oder mit wenig Flüssigkeit bei milder Hitze sanft geköchelt. Damit diese Kochmethode, bei der sich die Sauce von selbst entwickelt, funktioniert, muß der Topf einen dicken Boden und einen gut schließenden Deckel haben. Besonders sämig wird die Sauce, wenn man zuerst Zwiebeln langsam goldgelb brät und, nachdem auch das Gemüse kurz angebraten wurde, wenig Brühe oder Sahne in den Topf gießt. Ein Schuß trockener Weißwein oder ein Teelöffelchen Zitronensaft muntern Saucen auf. Lauch mit Kapernsauce ist ein schmackhaftes Beispiel für diese Würzkombination (S. 21).

Unter Rühren braten – im Wok!

Der Wok, die tollste Erfindung seit es Kochtöpfe gibt. Der abgerundete Boden macht den ganzen Unterschied aus. Ihm verdanken Wokgerichte ihre fettarme Zubereitung und die extrem kurzen Garzeiten. Damit nach 8 Minuten ein Gemüsegericht auf dem Tisch steht, heißt es allerdings, eifrig rühren. Denn wird das Gemüse im Wok nicht ständig bewegt, brennt es leicht an. Entspannung tritt ein, sobald die Saucenflüssigkeit ans Gemüse gegossen ist. Zugedeckt köchelt es dann noch einige Minuten seiner Vollendung entgegen. Ob süßsauer, mit Tomaten, frischen Ananas, Honig und Currygewürzen, oder klassisch, mit Sojasauce, Ingwer und Sherry abgeschmeckt, Wokgerichte sorgen für Abwechslung auf dem Menüplan.

Richtig würzen

Durch gut dosierte Würzmittel verwandeln sich vertraute Gemüse in exotische Leckerbissen. Spinat, mit dem in Mitteleuropa Generationen von Kindern gequält wurden, kommt in einer Cremesauce mit Chili, Ingwer, Cumin, Muskat und Koriander plötzlich indisch daher. Die biedersten unter den eßbaren Pflanzen, Erbsen und Kartoffeln, geraten mit Kokosmilch, Chili, Currygewürzen und Zitronensaft zu einem karibischen Feuerwerk. Und Thymian, Basilikum, Oregano, Minze und Dill lassen den Süden in heimische Gemüsetöpfe einziehen.

Am intensivsten schmecken Gewürze frisch gemahlen oder im Mörser zerstoßen. Praktisch ist eine alte Hand-Kaffeemühle, mit der Sie mühelos Kreuzkümmel, Koriander, Piment, Kardamom und Pfeffer kleinkriegen.

Durch kurzes Anrösten entfalten Gewürze ihr volles Aroma, darum werden bei exotischen Gerichten die Gewürzmischungen immer zuerst angebraten, dann mit dem Gemüse vermischt und mit Flüssigkeit aufgegossen. Würzen erfordert keine besondere Mühe: Gewürze bewahren ihr Aroma in dunklen Gläsern, luftdicht verschlossen einige Monate. Einmal einkaufen gehen, und die Sache ist für lange Zeit erledigt. Tiefgekühlte Kräuter müssen nur aus der Packung geschüttelt werden, und wachsen Kräuter frisch im Blumentopf, macht die Schere einmal zapp!

Damit bringen Sie Abwechslung ans Essen:

Dill ①
Petersilie ②
Basilikum ③
Rosmarin ④
Cumin ⑤
Koriander ⑥
Kardamom ⑦
Piment ⑧
Pfeffer ⑨
Kokosmilch ⑩

Die kleine Gewürzliste

Mit den folgenden Würzmitteln sind Sie gerüstet für kulinarische Ausflüge rund um die Welt, für ein indisches Curry, ein chinesisches Wokgericht, für die Gaumenfreuden des Orients oder Leckerbissen aus der Mittelmeerküche.

Gewürze und getrocknete Kräuter

Basilikum	Chili	Dill
Kreuzkümmel (Cumin)	Kardamom	Koriander
	Kümmel	Liebstöckel
Lorbeer	Minze	Muskat
Nelken	Oregano	Paprika, edelsüß
Piment (Nelkenpfeffer)	Pfeffer	Safran
	Thymian	Zimt

Kräuter, frisch oder tiefgekühlt

Basilikum	Dill	Kerbel
Koriander	Minze	Oregano
Petersilie	Schnittlauch	Thymian

Würzmittel

Ingwer	geröstetes Sesamöl	Kapern
Knoblauch (sollte nie ausgehen)		Oliven
	Meerrettich	Senf
Kokosflocken (für Kokosmilch)	Sojasauce	Zitronen
	Weißwein	Sherry

Kokosmilch: Ein Grundrezept für viele köstliche Gemüsegerichte

Kokosmilch, ein wesentliches Element der asiatischen Küche, macht feurige Currysaucen von Thailand bis Indien cremig üppig. Limonen- oder Zitronenaroma im Verbund mit frischem Koriandergrün und Ingwer gibt Kokossaucen den besonderen Kick.

Kokosmilch
Schnell, einfach und problemlos

150 g Kokosflocken, ungesüßt
500 ml Wasser

Kokosflocken mit dem Wasser im offenen Topf zum Kochen bringen. Vorsicht, kocht leicht über! Sofort vom Feuer nehmen. Die Flüssigkeit im Mixer oder mit dem Mixstab fein pürieren. Kokosmilch durch ein feines Sieb gießen. Damit das ganze feine Kokosaroma in die Milch kommt, die Kokosflocken im Sieb mit der runden Seite eines Schöpflöffels gut ausdrücken.

Kokosmilch läßt sich auch aus konzentriertem Kokosmark herstellen, das mit Wasser vermischt wird. Das Kokosmark gibt es in asiatischen Lebensmittelgeschäften.

Alles Gemüse! Oder: Karotten beflügeln

Wahre Kochkunst beginnt mit einem (fast) leeren Kühlschrank. Ein mißtrauischer Blick ins Gemüsefach: 3 einsame Karotten, 1/2 Zucchini, 2 Frühlingszwiebeln und 4 Pilze. Falsch wäre es angesichts dieses Angebots resigniert aufzustöhnen, den Pizzadienst anzurufen und sich mit schlapprig-klebrigen Teigfladen zufrieden zu geben. Richtig: Das Messer gewetzt, das Gemüse gleichmäßig klein geschnitten und unter Rühren ein pikantes chinesisches Gericht gebraten.

Oder: Sonntagabend. Überraschend schneit, wie ein heftiger Wintersturm, lieber, aber zahlreicher Besuch ins Haus. Hunger? Aber selbstverständlich – und was für einen! Keine Panik. Zwei rote und eine gelbe Paprika, ein Paket tiefgekühlte Bohnen, 500 g Tomaten, die letzte Aubergine und eine gute Portion Kartoffeln retten Ihren Ruf als durch nichts zu erschütternde Gastgeberin. Bald köchelt ein griechischer Gemüsetopf auf dem Herd, und Sie widmen sich entspannt den Gästen und einem ausgezeichneten Rotwein, der freundlicherweise mitgebracht wurde.

Kraut und Rüben regen die Phantasie an, Spinat und Erbsen fördern den Einfallsreichtum, mit Spargel und Fenchel schwingen Sie sich zu ungeahnten Kreationen auf. Bei den köstlichsten Kompositionen hat oft der Zufall die Hand im Kochtopf.

Der Blick fällt vom dunkellila Rotkraut auf orangefarbene Mandarinen – eine kühne Farbzusammenstellung, die sich auch auf dem Teller sehen lassen kann. Schon entsteht das Rotkraut in Mandarinensauce (siehe S. 18). Und weil verschiedene Rottöne so anregend sind, kommen noch ein paar Löffel sattes Preiselbeerkompott in den Topf. Garniert wird das farbenfrohe Gericht mit halbier-

ten, glänzenden Mandarinenschnitzen und knusprig gerösteten Mandeln.

Im Alltag tickt beim Kochen meist die Stoppuhr. Darum – wen erstaunt's – entstanden aus Zeitmangel schon oft umwerfende Gerichte. Die paar Minuten, bis der Spinat im Topf zusammenfällt, lassen sich gerade noch erübrigen. Zum zarten Blattspinat gibt es eine rasch angerührte Sauce aus rohen Tomaten, samt würzigem Schafskäse und Oliven. Auch eine gewisse, durchaus legitime Faulheit macht erfinderisch. Keine Lust zum Abspülen? Gemüse wird in Alufolie oder Butterbrotpapier verpackt und im Ofen gebacken. Dazu die Sekundensauce: Joghurt verrührt mit tiefgefrorenen italienischen Kräutern.

Gemüse köstlich zubereiten erfordert weder exklusive, ausgefallene Zutaten, High-Tech-Küchenausstattung noch viel Zeit. Wichtige Voraussetzung ist muntere Kreativität, die auch originelle Zusammenstellungen und unkonventionelle Zubereitung wagt.

Zeitsparend und streßabbauend sind Gerichte aus dem Ofen. Denn bäckt das Gemüse erst einmal seiner Vollendung entgegen, haben Sie genügend Zeit, den Salat oder ein Dessert vorzubereiten. Aus dem Ofen kommen nicht nur Aufläufe mit der begehrten goldbraunen Knusperkruste, sondern auch bunte Gemüsespießchen mit einer cremigen, pikanten Erdnußsauce. Für diese Sauce pürieren Sie kurzerhand Erdnußmus mit Gemüsebrühe, gebratenen Zwiebeln, Sojasauce, Zitronensaft und -schale sowie Honig und Chili (S. 74). Auch Pilzpastetchen mit dekorativen Blätterteighäubchen (S. 64) sehen nach mehr Arbeit aus, als in ihnen steckt. Die kleinen Champignons werden ganz verarbeitet, der Teig ist tiefgekühlt.

Einfach in der Zubereitung, kühn in der Farbzusammenstellung und eine wahre Gaumenfreude: Rotkraut mit Mandarinensauce (S. 18).

Spinat mit Schafskäse und kalter Tomatensauce

Für 4 Personen

Tomatensauce:
3 Tomaten, sehr kleine Würfel
8 schwarze Oliven, Stücke
$^{1}/_{2}$ TL Basilikum
$^{1}/_{2}$ TL Oregano
Pfeffer
Salz

Spinat:
1 kg Spinat oder 600 g tiefgekühlter Blattspinat
2 EL Olivenöl
3 Knoblauchzehen, fein gehackt
3 Frühlingszwiebeln, feine Ringe
200 g Schafskäse, kleine Stücke
Salz
Pfeffer

Spinat ist ein zartes Pflänzchen; seine Garzeit ist darum sehr kurz. Mit tiefgekühltem Spinat ist dieses türkische Gericht im Handumdrehen fertig. Vor der Weiterverarbeitung den tiefgekühlten Spinat zugedeckt in einem Siebeinsatz über Wasserdampf in wenigen Minuten antauen und in mundgerechte Stücke schneiden.

1. Tomaten, Oliven, Basilikum und Oregano vermischen. Die Sauce mit Salz und Pfeffer abschmecken.

2. Den tropfnassen Spinat mit etwas Salz in einen großen Topf geben. Zugedeckt bei starker Hitze in 2 Minuten zusammenfallen und dann in einem Sieb abtropfen lassen. Spinat in mundgerechte Stücke schneiden.

3. Olivenöl in einer großen Pfanne erhitzen. Knoblauch darin unter Rühren kurz anbraten. Frühlingszwiebeln dazugeben, unter Rühren mitbraten. Spinat hinzufügen, 2 Minuten unter Rühren braten. Mit Salz und Pfeffer abschmecken. Schafskäse auf dem Spinat verteilen. Spinat zugedeckt bei schwacher Hitze 1 Minute dünsten, bis der Käse zu schmelzen beginnt. Spinat vom Herd nehmen, Tomatensauce darauf verteilen.

Rotkraut mit Mandarinensauce

Für 4 Personen

1 EL Butter
1 EL ÖL
1 TL Ingwerwurzel, fein gehackt
1 rote Chilischote, fein gehackt
2 TL brauner Zucker
1 Prise Zimt
1 Prise Kardamom
700 g Rotkraut, fein gehobelt
1–2 EL Zitronensaft
Salz
100 ml Gemüsebrühe
abgeriebene Schale einer unbehandelten Zitrone
200 ml Mandarinensaft, frisch gepreßt
1 EL Speisestärke
3 EL Preiselbeermarmelade
2 Mandarinen, Schnitze, längs halbiert
3 EL geröstete Mandelsplitter

Süß-saure Früchtchen und Gewürze mit ausgeprägtem Aroma – damit verträgt sich kräftiges Rotkraut. Die Sauce für das feingeschnittene Kraut wird darum mit Zimt, Ingwer, Kardamom, Chili, frisch gepreßtem Mandarinensaft und Preiselbeeren abgerundet.

1. Butter und Öl in einem flachen Topf mit dickem Boden erhitzen, Ingwer und Chilischote darin kurz unter Rühren anbraten. Zucker, Zimt und Kardamom dazugeben, kurz unter Rühren mitrösten.

2. Kraut hinzufügen, alles gut vermischen, leicht salzen, 3 Minuten unter Rühren braten. Zitronensaft untermischen, salzen, zugedeckt 5 Minuten dünsten.

3. Mit Gemüsebrühe aufgießen, mit Zitronenschale würzen, 10 Minuten bei schwacher Hitze dünsten. Das Kraut soll weich sein, aber noch Biß haben. Mandarinensaft mit Speisestärke glattrühren.

4. Mandarinensaft und Preiselbeermarmelade unter das Kraut mischen. Die Sauce kurz aufkochen bis sie gebunden ist. Kraut vom Herd nehmen. In einer flachen Schüssel anrichten, mit Mandarinenschnitzen und Mandeln garnieren.

Lauch mit Kapernsauce

Für 4 Personen

1 EL Butter
800 g Lauch, längs halbiert, 6 cm lange Stücke
Salz
150 ml Sahne
Muskat
schwarzer Pfeffer
3 EL Crème fraîche
3 EL Weißwein
abgeriebene Schale von 1/4 unbehandelter Zitrone
1 EL Kapern, gehackt
1 EL Petersilie, fein gehackt

Dazu passen knusprige Ofenkartoffeln: Kleine Kartoffeln längs halbieren, leicht salzen, mit Kümmel bestreuen, ein Butterflöckchen auf jede Hälfte geben. Kartoffeln auf ein Backblech setzen und im vorgeheizten Ofen 20 Minuten backen.

1. Butter in einem flachen Topf schmelzen. Lauch hinzufügen, leicht salzen. Zugedeckt bei schwacher Hitze 7 Minuten im eigenen Saft dünsten.

2. Sahne dazugießen, mit Muskat und Pfeffer würzen. Lauch im geschlossenem Topf 7 Minuten bei milder Hitze dünsten.

3. Crème fraîche mit Weißwein, Zitronenschale und Kapern verrühren. Die Sauce mit dem Gemüse vermischen, zugedeckt noch 3 Minuten köcheln. Mit Pfeffer und Muskat abschmecken, mit Petersilie bestreuen.

Mein Tip: Als frische Begleitung: Feldsalat mit Walnußsauce. Dafür die Walnüsse fein hacken und mit einer kräuterwürzigen Vinaigrette verrühren.

Russische Rote Bete

Für 4 Personen

250 g saure Sahne
50 g Haselnüsse, fein gehackt
2 EL Dill
2 EL Butter
1 EL Mehl
300 ml Gemüsebrühe
Muskat
Pfeffer
abgeriebene Schale von
$^{1}/_{4}$ unbehandelter Zitrone
700 g junge rote Bete,
sehr dünn geschnitten
200 g säuerliche Äpfel,
feine Scheiben
1 TL Zitronensaft
einige Dillzweige

Am einfachsten ist es, wenn Sie die Roten Bete und Äpfel mit dem Gurkenhobel schneiden. Pikanter Kartoffelbrei vervollständigt dieses rosarote, fruchtige Rübengericht: Einige Eßlöffel Selleriewurzel und zwei Teelöffel fein geriebener Meerrettich mit wenig Milch vermischen und unter den fertigen Kartoffelbrei rühren.

1. Saure Sahne, Haselnüsse und Dill vermischen. Butter in einem flachen Topf mit dickem Boden schmelzen, Mehl hinzufügen, unter Rühren erhitzen, bis das Mehl sich leicht hellbraun verfärbt und ein angenehmer Duft aufsteigt.

2. Mit Gemüsebrühe aufgießen, die Sauce glatt rühren. Mit Muskat, Pfeffer und Zitronenschale würzen.

3. Rote Bete hinzufügen, zugedeckt 8 Minuten bei milder Hitze dünsten (die Roten Rüben sollen noch einen etwas Biß haben). Äpfel unterrühren, 4 Minuten köcheln.

4. Den Topf vom Herd nehmen, mit Zitronensaft und der Hälfte des Nuß-Rahms vermischen. Rote Bete in einer Schüssel anrichten. Mit Dillzweiglein garnieren. Restlichen Nußrahm dazu reichen.

Kohlrabi mit Basilikumsauce

Für 2 Personen

2 EL Crème fraîche
150 ml Gemüsebrühe
Muskat
Pfeffer
2 EL Butter
2 junge Kohlrabi,
3 mm dünne Scheiben
Salz
1 EL Basilikum, fein geschnitten

Hauchdünn geschnittene, junge Kohlrabi sind hitzeempfindlich und bewahren ihr erfrischendes Aroma nur bei ganz kurzer Garzeit. – Nein, ich will Sie nicht zur Rohkost bekehren, aber länger als 4 Minuten vertragen diese zarten Knollen die Kochhitze nicht.

1. Crème fraîche und Gemüsebrühe glattrühren, mit Muskat und Pfeffer würzen.

2. Butter in einem flachen Topf mit dickem Boden erhitzen. Kohlrabi unter Rühren 2 Minuten anbraten, leicht salzen.

3. Mit der Sauce aufgießen, noch 2 Minuten leicht köcheln. Kohlrabi vom Herd nehmen, mit Basilikum vermischen.

Mein Tip: Reichen Sie dazu Hirse. Für 4 Personen $^1/_2$ l Gemüsebrühe zum Kochen bringen, mit Muskat, Piment und Liebstöckel würzen. 250 g gewaschene Hirse einstreuen, zugedeckt 5 Minuten köcheln. Hirse zugedeckt im Ofen ca. 20 Minuten ausquellen lassen. Übriggebliebene Hirse kann man in einem Sieb über Wasserdampf aufwärmen.

Frühlingsgemüse mit Kerbelsauce

Für 4 Personen

Kerbelbutter:
4 EL Kerbel, fein gehackt
50 g weiche Butter, Stücke
Salz
Pfeffer

Frühlingsgemüse:
1 EL Butter
1 Zwiebel, fein gehackt
300 ml Gemüsebrühe
abgeriebene Schale von
$^1/_4$ unbehandelter Zitrone
Muskat
Pfeffer
500 g weißer Spargel, geschält,
4 cm lange Stücke
200 g junge Karotten,
3 mm dünne Scheiben
200 g Erbsenschoten
4 Frühlingszwiebeln,
1 cm breite Ringe
1 Handvoll Spinat, kleine Blätter

Kerbelbutter:
Kerbel und Butter mit der Gabel vermischen, die Kerbelbutter mit Salz und Pfeffer abschmecken, ins Tiefkühlfach stellen.

Frühlingsgemüse:

1. Butter in einem flachen Topf schmelzen, Zwiebeln darin glasig werden lassen. Mit Gemüsebrühe aufgießen, mit Zitronenschale, Muskat und Pfeffer würzen.

2. Die Gemüsebrühe zum Kochen bringen, Spargel hinzufügen, zugedeckt 10 Minuten bei schwacher Hitze kochen lassen. Karotten hinzufügen, zugedeckt 3 Minuten köcheln, Erbsenschoten und Frühlingszwiebeln hinzufügen, zugedeckt in 4 Minuten garen. Spinatblätter unterrühren, einen Moment erhitzen. Gemüse mit dem Schaumlöffel aus dem Topf heben, in eine vorgewärmte Schüssel geben, zudecken.

3. Die Kochflüssigkeit bei starker Hitze 5 Minuten einkochen. Sauce vom Herd nehmen. Kerbelbutter stückchenweise einrühren. Sauce mit Zitronensaft abschmecken, über das Gemüse gießen. Dazu neue Kartoffeln und ein ganz trockener, leichter Weißwein.

Fenchel mit Gorgonzola-Nockerln

Für 4 Personen

100 g Edelschimmelkäse (Roquefort, Gorgonzola)
100 g Mascarpone
Pfeffer
2 EL Butter
1 Zwiebel, fein gehackt
2 Knoblauchzehen, fein gehackt
700 g Fenchel, geviertelt
200 ml Gemüsebrühe
4 EL passierte Tomaten
Muskat
1/2 TL Basilikum

Gerade recht, wenn der Gaumen Lust auf milde Genüsse hat: Käseklößchen schmelzen auf zartem Fenchelgemüse. Dazu gibt es goldgelbe Polenta oder körnige Hirse.

1. Käse mit der Gabel fein zerdrücken, mit Mascarpone und Pfeffer vermischen.

2. Butter in einem flachen Topf schmelzen. Zwiebeln und Knoblauch darin unter Rühren glasig werden lassen. Fenchel dazugeben, kurz mitbraten. Gemüsebrühe und passierte Tomaten angießen, mit Muskat und Basilikum würzen. Fenchel zugedeckt 15 Minuten bei schwacher Hitze dünsten.

3. Fenchel auf einer Platte anrichten. Von der Käsecreme Klößchen abstechen, auf dem Gemüse verteilen. Oder die Käsecreme getrennt zum Gemüse reichen.

Mein Tip: Dazu einen farbenfrohen Salat aus Tomaten, Ruccola und feinblättrig geschnittenen, rohen Champignons.

Ungarischer Krauttopf

Für 4 Personen

1 EL Öl
1 EL Butter
1 große Zwiebel, feine Ringe
2 Knoblauchzehen, fein gehackt
600 g junges Weißkraut, feine Streifen
200 g Kartoffeln, kleine Würfel
1 grüne Paprika, feine Streifen
Salz
$^1/_4$ TL Paprika, scharf
1–2 TL Paprika, edelsüß
$^1/_2$ TL Koriander
$^1/_2$ TL Kümmel
200 ml Gemüsebrühe
100 g Sauerrahm
100 g Joghurt
1 EL Tomatenmark

Zu diesem herzhaften, ländlichen Gericht reichen Sie knuspriges Volkornbaguette und einen gehaltvollen Rotwein. Damit die Sauce gelingt und nicht ausflockt, werden Sauerrahm, Joghurt und Tomatenmark mit etwas Kochflüssigkeit im Mixer auf höchster Stufe püriert.

1. Öl und Butter in einem flachen Topf erhitzen. Zwiebeln darin zuerst bei schwacher Hitze langsam andünsten, dann unter Rühren goldgelb braten.

2. Knoblauch, Kraut, Kartoffeln und Paprika dazugeben, leicht salzen, unter Rühren kurz anbraten. Mit Paprikapulver, Koriander und Kümmel würzen, mit Brühe aufgießen. Das Gemüse zugedeckt ca. 15 Minuten bei schwacher Hitze dünsten.

3. Sauerrahm, Joghurt und Tomatenmark mit etwas Kochflüssigkeit im Mixer fein pürieren. Die Sauce an das Gemüse gießen. Gemüse zugedeckt 5 Minuten köcheln, mit Salz abschmecken.

Mein Tip: Kochen Sie gleich eine größere Menge. Dieses Gemüsegericht eignet sich zum Einfrieren.

Pikante geschmorte Paprika

Für 4 Personen

4 EL Olivenöl
3 Knoblauchzehen, fein gehackt
1 Chilischote, fein gehackt
2 rote Paprikaschoten, feine Streifen
2 gelbe Paprikaschoten, feine Streifen
1 grüne Paprikaschote
Salz
4 geschälte Tomaten aus der Dose, kleingeschnitten
100 g Parmesan, grobe Späne
12 schwarze Oliven

Ob mit Nudeln heiß zum Mittagessen, mit Baguette kalt zum Picknick, geschmorte Paprika passen zu jeder Gelegenheit. Damit das bunte Gemüse jedoch seine perfekte Beschaffenheit – weich, aber trotzdem nicht matschig – erreicht, brauchen Sie die richtige Pfanne. Bestens geeignet ist eine schwere Pfanne aus Gußeisen, oder, etwas moderner, eine beschichtete Pfanne mit dickem Boden.

1. Öl in einer großen Pfanne mit dickem Boden erhitzen. Knoblauch, Chili und Paprikastreifen dazugeben, salzen, unter Rühren 3 Minuten anbraten, zugedeckt 10 Minuten bei schwacher Hitze im eigenen Saft dünsten. Ab und zu umrühren, damit die Paprika nicht ankleben.

2. Wenn die Paprikastreifen weich sind, Tomaten unterrühren. Zugedeckt köcheln, bis der Tomatensaft fast eingekocht ist.

3. Paprikagemüse auf einer Platte anrichten, mit Parmesan und Oliven bestreuen.

Blumenkohl mit Paprikasauce

Für 4 Personen

2 rote Paprikaschoten
1 mittelgroßer Blumenkohl
2 EL Butter
1 Zwiebel, fein gehackt
2 Knoblauchzehen, fein gehackt
3 EL Crème fraîche
Salz
1 Prise Chilipulver
1 EL Petersilie, fein gehackt

Zur Abwechslung wird hier einmal der Blumenkohl im ganzen über Wasserdampf gegart und mit einer milden, lachsroten Sauce übergossen. Das Besondere an der Sauce: Die ganzen Paprikaschoten werden im Ofen gebacken, abgezogen und dann püriert.

1. Die ganzen Paprikaschoten im Ofen auf dem Rost 20 Minuten backen, bis die Haut sich schwarzbraun verfärbt und Blasen wirft. Paprikaschoten etwas abkühlen lassen. Haut abziehen, Stielansatz, Scheidewände und Kerne entfernen.

2. Vom Blumenkohl die großen, grünen Blätter und den herausragenden Strunk entfernen. Die ganze Blumenkohlrose zugedeckt in einem Siebeinsatz über Wasserdampf in ca. 20 Minuten garen.

3. In dieser Zeit die Sauce zubereiten: Butter in einer Pfanne schmelzen, Zwiebeln und Knoblauch darin zuerst andünsten, dann unter Rühren goldgelb braten. Zwiebeln mit Paprika und Crème fraîche im Mixer oder mit dem Mixstab fein pürieren, mit Salz und Chili abschmecken.

4. Blumenkohl auf einer Platte anrichten, mit Paprikasauce übergießen und mit Petersilie bestreuen.

Spinat-Pilz-Pudding

Für 4 Personen

$1^{1}/_{2}$ EL Butter
2 Frühlinsgzwiebeln, feine Ringe
100 g Champignons, dünne Scheiben
150 g tiefgekühler Blattspinat, angetaut, mundgerechte Stücke
Salz
3 Eier
80 ml Gemüsebrühe
80 ml Sahne
2 EL Parmesan, frisch gerieben
abgeriebene Schale von $^{1}/_{4}$ unbehandelter Zitrone
1 Prise Muskat
Pfeffer

Spinat und Pilze, kurz angebraten, mit schaumig geschlagenen Eiern, Parmesan, Gemüsebrühe und Sahne vermischt, in attraktive Portionsförmchen gefüllt – damit hat sich die ganze Arbeit für diese warme Blitzvorspeise.

1. Ein Eßlöffel Butter in einer kleinen Pfanne erhitzen, Frühlingszwiebeln und Champignons unter Rühren kurz anbraten. Angetauten Spinat zufügen, leicht salzen, kurz erhitzen.

2. Vier kleine Portionsförmchen mit der restlichen Butter ausstreichen. Spinat und Pilze auf die Förmchen verteilen. Mit dem Handmixer die Eier schaumig schlagen. Gemüsebrühe und Sahne unterrühren. Parmesan untermischen, mit Zitronenschale, Muskat, Pfeffer und Salz abschmecken. Die Flüssigkeit in die Portionsschälchen gießen.

3. Schälchen in einen Dämpfeinsatz stellen. Zugedeckt über Wasserdampf 15 Minuten garen, sofort servieren.

Mein Tip: Pudding auf kleinen Salatblättern anrichten, mit roten Paprikastreifen oder kleinen Tomatenschnitzen garnieren.

Wirsingpäckchen mit Ricotta-Haselnuß-Füllung

Für 4 Personen

250 g Ricotta
1 Ei
abgeriebene Schale von
1/4 unbehandelter Zitrone
1 TL Minze, fein gehackt
2 EL Basilikum, fein geschnitten
1 EL Petersilie, fein gehackt
1 Frühlingszwiebel, dünne Ringe
2 EL geriebene Haselnüsse
2 EL Parmesan, frisch gerieben
1 Prise Muskat
Pfeffer
Salz
12 kleinere Wirsingblätter

1. Ricotta mit Ei, Zitronenschale, Kräutern, Frühlingszwiebeln, Nüssen, Parmesan und Muskat vermischen. Die Masse mit Salz und Pfeffer abschmecken.

2. Wirsingblätter 1 Minute in kochendem Salzwasser blanchieren, kalt abschrecken. Aus der Ricottamasse 12 Bällchen formen, in die Mitte jedes Wirsingblattes 1 Bällchen setzen. Das Blatt über dem Bällchen zusammenfassen, mit weißem Faden zubinden. Wirsingpäckchen nebeneinander in einen Siebeinsatz setzen. Zugedeckt über Wasserdampf 12 Minuten garen. Dazu Tomatensauce und Reis reichen.

Tomatensauce

Für 4 Personen

500 g reife Tomaten, Stücke
1/2 Zwiebel, Stücke
2 EL Butter
1 TL Basilikum
1/2 TL Thymian
Salz, Pfeffer

Tomaten- und Zwiebelstücke im Mixer oder mit dem Mixstab fein pürieren. Durch ein Sieb streichen. Tomatenpüree, Butter, Basilikum und Thymian in einen Topf geben. Die Sauce 10 Minuten bei schwacher Hitze köcheln, mit Salz und Pfeffer abschmecken.

Zuckererbsen, Rettich und Karotten mit pikanter Sesamsauce

Für 4 Personen

Sesamsauce:
60 g ungeschälter Sesam
2 EL Sojasauce
4 EL Instant-Gemüsebrühe
1 1/2 EL Zitronensaft
abgeriebene Schale von
1/4 unbehandelter Zitrone
1/2 TL Ingwerwurzel, fein gehackt
1 rote Chilischote, fein gehackt

Gemüse:
250 g Rettich, 5 mm dünne Scheiben
250 g Karotten,
5 mm dünne Scheiben
250 g Zuckererbsen
8 Stiele Brunnenkresse oder
4 EL Gartenkresse

Ein kulinarischer Ausflug nach Japan. Rettich wird hier nicht nur roh gegessen, sondern auch als Gemüse geschätzt. Dazu paßt die schnell angerührte, nussige Sesamsauce. Typisch für das Land der aufgehenden Sonne: Die Kombination von Sesam, Sojasauce und Ingwer.

Sauce:
Sesam in einer trockenen Pfanne unter Rühren anrösten, bis die Körner anfangen hochzuspringen. Sesam, Sojasauce, Gemüsebrühe, Zitronensaft und -schale im Mixer fein pürieren. Die Sauce mit Ingwer und Chili pikant würzen. Sesamsauce auf Portionsschälchen verteilen.

Gemüse:
Rettich und Karotten in einen Siebeinsatz geben. Zugedeckt über Wasserdampf in 5 Minuten garen. Zuckererbsen hinzufügen, 3 Minuten mitgaren. Gemüse portionsweise dekorativ anrichten, mit Brunnenkressezweigen garnieren. Die Sesamsauce dazu reichen.

Zucchini aus dem Dampf mit Zitronencreme

Für 4 Personen

100 g Frischkäse
200 ml Gemüsebrühe
abgeriebene Schale von
1/4 unbehandelter Zitrone
2 TL Zitronensaft
Salz
Pfeffer
800 g Zucchini,
1,5 cm dicke Scheiben
1 TL frische Minze, fein geschnitten

Das spart Zeit und Arbeit: Die Zitronencreme kommt in eine kleine Metallschüssel und wird gemeinsam mit den Zucchini über Wasserdampf erhitzt. Achten Sie darauf, daß die Zucchini nicht zu weich werden, sondern noch Biß haben.

1. Frischkäse in eine kleine Rührschüssel geben. Gemüsebrühe erhitzen und mit dem Handrührgerät nach und nach unter den Frischkäse rühren. Zitronensaft und -schale unterziehen. Die Sauce mit Pfeffer und Salz abschmecken, in eine kleine Metallschüssel gießen.

2. Die Schüssel in einen Dämpfeinsatz stellen, Zucchini rund um die Schüssel schichten. Gemüse und Sauce zugedeckt über Wasserdampf in 6–8 Minuten garen, so daß die Zucchini noch Biß haben.

3. Zucchini auf einer Platte anrichten, die Sauce mit Minze vermischen, zum Gemüse reichen.

Mein Tip: Besonders gut schmecken dazu breite Nudeln oder Kartoffelbrei mit goldbraun gerösteten Zwiebeln.

Brokkoli und Champignons mit süß-saurer Sauce

Für 4 Personen

Leuchtend grün und voll natürlichem Aroma ist Brokkoli aus dem Dampf. Die Garzeit beträgt nur 8 Minuten. Bleiben die zarten Röschen zu lange im Topf, verblaßt die Farbe und der Geschmack leidet.

Süß-saure Sauce:
600 g Tomaten, abgezogen, Stücke oder geschälte Tomaten aus der Dose
1 EL Öl
2 TL Ingwerwurzel, fein gehackt
1 Prise Chilipulver
1 Prise Muskat
1 Prise Zimt
1 EL Honig
1 EL Sherry- oder Apfelessig
Salz

Gemüse:
1 EL Öl
2 EL Mandelsplitter
400 g Champignons
Saft von 1 Zitrone
400 g Brokkoli, kleine Röschen
1 EL Korianderblätter oder Petersilie, fein gehackt

Süß-saure Sauce:
Tomaten, Öl, Ingwer, Chili, Muskat, Zimt, Honig und Essig in einen kleinen Topf geben, in 15 Minuten zu einer dicken Sauce einkochen, mit Salz abschmecken. Die Sauce im Mixer oder mit dem Mixstab fein pürieren.

Gemüse:

1. Öl in einer kleinen Pfanne erhitzen. Mandelsplitter darin unter Rühren goldgelb braten.

2. Champignons im Zitronensaft wenden und danach mit dem Brokkoli in einen Dämpfeinsatz geben. Das Gemüse zugedeckt in 7–8 Minuten über Wasserdampf garen; es soll noch Biß haben.

3. Gemüse auf einer Platte anrichten, mit Mandelsplittern und Koriander bestreuen. Sauce dazu reichen.

Kohlrabi, Erbsen, Karotten, Frühlingszwiebeln mit Minze

Für 4 Personen

2 EL Öl
1 TL Ingwerwurzel, fein gehackt
200 g Karotten, 3 mm dünne Stifte
Salz
200 g Kohlrabi, 3 mm dünne Stifte
200 g tiefgefrorene, junge Erbsen
4 Frühlingszwiebeln, 1/2 cm dünne Ringe
100 ml Gemüsebrühe
abgeriebene Schale von 1/4 unbehandelter Zitrone
Pfeffer
1 TL Zitronensaft
1 TL Minze, fein geschnitten
einige Minzeblättchen
3 Zitronenscheiben

Es muß nicht alles chinesisch sein, was aus dem Wok kommt. Eine feine Note bringen Zitronenaroma und frische Minze an ein heimisch vertrautes Gemüse.

1. Öl im Wok erhitzen, Ingwer unter Rühren kurz anbraten. Karotten dazugeben, unter Rühren 2 Minuten braten. Kohlrabi, Erbsen und Frühlingszwiebeln dazugeben, unter Rühren das Gemüse weitere 2 Minuten braten.

2. Mit Gemüsebrühe aufgießen, mit Zitronenschale und Pfeffer würzen. Das Gemüse zugedeckt 3 Minuten dünsten. Gemüse vom Herd nehmen, mit Zitronensaft abschmecken, mit Minze vermischen.

3. Auf einer Platte anrichten, mit Minzeblättchen und Zitronenscheiben garnieren.

Mein Tip: Statt Minze eine Mischung aus Dill und Petersilie verwenden. Auch ein Hauch Estragon wirkt belebend. Oder das knackige Gemüse mit fein gehacktem, frischem Koriander und gerösteten Mandelblättchen bestreuen.

Grüne Paprika, Champignons, Lauch und Sprossen

Für 4 Personen

2 EL ÖL
2 Knoblauchzehen, fein gehackt
1 Chilischote, fein gehackt
2 grüne Paprikaschoten,
1 cm breite Streifen
300 g kleine Champignons, geviertelt
200 g Lauch. längs halbiert,
1/2 cm breite Streifen
Salz
100 g Mungsprossen
1 EL Sojasauce

Einfacher geht's nicht mehr. Die härteren Paprika werden zuerst angebraten, dann kommen Champignons und Lauch in den Wok. Flüssigkeit muß nicht hinzugefügt werden, da die Champignons genügend Saft ziehen. Die empfindlichen Sprossen brauchen nur kurz mitzudünsten. Gewürzt wird mit einem Hauch Sojasauce, Knoblauch und Chili.

1. Öl in einem Wok erhitzen. Knoblauch und Chili unter Rühren kurz anbraten. Paprika hinzufügen, unter Rühren 2 Minuten braten.

2. Champignons und Lauch dazugeben, unter Rühren 2 Minuten braten, leicht salzen. Sprossen untermischen.

3. Das Gemüse zugedeckt 3 Minuten bei schwacher Hitze dünsten. Gemüse mit Sojasauce abschmecken, auf einer Platte anrichten.

Mein Tip: Probieren Sie dieses Gericht auch mit Pfifferlingen oder Steinpilzen.

Gebratenes Gemüse süß-sauer mit Ananas

Für 4 Personen

2 EL Sojasauce
3 EL passierte Tomaten
1 TL Honig
1 TL Speisestärke
1 TL Ingwerwurzel, fein gehackt
2 EL Öl
3 Knoblauchzehen, fein gehackt
300 g Karotten,
3 mm dünne Scheiben
1–2 TL Currypulver
2 Stangensellerie, dünne Scheiben
200 g Zucchini, 1 cm dicke Scheiben
Salz
200 g frische Ananas, kleine Stücke
2 Frühlingszwiebeln, feine Ringe
2 EL geröstete Mandelblättchen

Statt mit der fertigen Currymischung können Sie auch mit $\frac{1}{2}$ Teelöffel Kreuzkümmel, $\frac{1}{2}$ Teelöffel Koriander, 1 Prise Zimt, $\frac{1}{2}$ Teelöffel Curcuma, 1 Prise Kardamom und 1 Prise Chili würzen.

1. Sojasauce, passierte Tomaten, Honig, Speisestärke, Ingwer und 2 Eßlöffel Wasser glattrühren.

2. Öl in einem Wok erhitzen. Knoblauch darin unter Rühren kurz anbraten. Karotten dazugeben, unter Rühren 2 Minuten braten. Mit Currypulver bestäuben, Sellerie und Zucchini dazugeben, leicht salzen, unter Rühren 1 Minute braten.

3. Ananas hinzufügen, 100 ml Wasser angießen, das Gemüse zugedeckt 5 Minuten dünsten.

4. Soja-Tomaten-Mischung unterrühren, kurz aufkochen, bis die Sauce gebunden ist.

5. Gemüse auf einer Platte anrichten, mit Frühlingszwiebeln und Mandelblättchen bestreuen.

Spargel, Austernpilze und Lauch

Für 4 Personen

400 g grüner Spargel,
4 cm lange Stücke
Salz
2 EL Sherry (medium)
1 EL Sojasauce
1 TL Speisestärke
2 EL Öl
1/2 TL Ingwerwurzel, fein gehackt
200 g Lauch, längs halbiert,
1 cm breite Streifen
Salz
300 g Austernpilze,
mundgerechte Stücke
einige Tropfen geröstetes Sesamöl
2 Frühlingszwiebeln, feine Ringe

Ingwer, Sojasauce, Sherry und geröstetes Sesamöl – mit dieser Aromamischung kommt der chinesische Geschmack ans Essen. Geröstetes Sesamöl ist sehr intensiv; ein paar Tropfen genügen für das nussige Aroma fernöstlicher Gerichte. Das goldbraune Öl gibt es in asiatischen Lebensmittelgeschäften und in gut sortierten Supermärkten.

1. Spargel in reichlich Salzwasser bißfest kochen, aus dem Wasser heben, in einem Sieb abtropfen lassen. Sherry, Sojasauce und Speisestärke glattrühren.

2. Öl in einem Wok erhitzen, Ingwer darin unter Rühren kurz anbraten. Lauch dazugeben, leicht salzen, unter Rühren 1 Minute braten. Pilze untermischen, unter Rühren 4 Minuten braten. Spargel hinzufügen, kurz unter Rühren erhitzen. Sherry-Soja-Mischung ans Gemüse gießen, kurz aufkochen, bis die Sauce gebunden ist.

3. Vom Herd nehmen, mit Salz und Sesamöl abschmecken. Das Gemüse auf einer Platte anrichten, mit Frühlingszwiebeln bestreuen.

Thailändische Pfanne mit Paprika, Mais und Spinat

Für 4 Personen

2 junge Maiskolben oder 200 g Mais aus der Dose, abgetropft
1 TL Speisestärke
1 TL Sojasauce
2 EL ÖL
2 Knoblauchzehen, fein gehackt
2 rote Paprikaschoten, feine Streifen
Salz
1/4 l Kokosmilch (siehe Rezept S. 13)
abgeriebene Schale von
1/4 unbehandelter Zitrone
1–2 TL Currypulver
1 TL Instant-Gemüsebrühe
100 g Spinat (auch tiefgekühlter Blattspinat)
2 TL Zitronensaft
2 Frühlingszwiebeln, fein gehackt
1 EL frische Korianderblätter, fein gehackt

Was macht aus Paprika, Mais und Spinat ein thailändisches Gericht? – 1. Das schnelle Braten unter Rühren im Wok und 2. die richtige Gewürzmischung. Eine cremige Sauce aus sanfter Kokosmilch, feurigem Chili und Currygewürzen, dazu Sojasauce und Zitronenaroma. Und nicht zuletzt frischer Koriander, dessen feinherbes Aroma überall in Asien beliebt ist.

1. Mit einem großen scharfen Messer die Körner von den Maiskolben abschneiden. Speisestärke mit Sojasauce und 2 Eßlöffel Wasser glattrühren.

2. Öl in einem Wok erhitzen, Knoblauch unter Rühren kurz anbraten. Paprika dazugeben, leicht salzen, unter Rühren 3 Minuten braten. Maiskörner dazugeben, unter Rühren 1 Minute braten. Gemüse mit Kokosmilch aufgießen, mit Zitronenschale, Curry und Gemüsebrühe würzen. Zugedeckt 5 Minuten bei schwacher Hitze dünsten.

3. Spinat unter das Gemüse rühren, 1 Minute erhitzen. Die Sojamischung unterrühren, kurz aufkochen, bis die Sauce gebunden ist. Gemüse vom Herd nehmen, mit Zitronensaft abschmecken.

4. Das Gemüse auf einer Platte anrichten, mit Frühlingszwiebeln und Koriandergrün bestreuen.

Brokkoli, Tofu und Cashewnüsse in süß-saurer Sauce

Für 4 Personen

4 EL Sherry (medium)
4 EL passierte Tomaten
2 EL Sojasauce
1 TL Honig
1 TL Ingwerwurzel, fein gehackt
1 Prise Chili
200 g Tofu, Würfel
1 gestrichener EL Speisestärke
2 EL Öl
50 g Cashewnüsse, halbiert
700 g Brokkoli, kleine Röschen
Salz
100 ml Wasser
2 Frühlingszwiebeln, feine Ringe

Die Beschaffenheit der einzelnen Zutaten bildet, ganz nach den Regeln der chinesischen Küche, einen reizvollen Gegensatz: weicher Tofu, harte Nüsse, knackiger Brokkoli und Frühlingszwiebeln.

1. Sherry, Tomaten, Sojasauce, Honig, Ingwer und Chili verrühren. Tofu darin 30 Minuten marinieren.

2. Tofu in ein Sieb abgießen, gut abtropfen lassen. Die Marinade auffangen, mit der Speisestärke glattrühren.

3. Öl in einem Wok erhitzen, Cashewnüsse und Brokkoli unter Rühren 2 Minuten braten, leicht salzen. Tofu dazugeben, unter Rühren 1 Minute braten. Wasser angießen, das Gemüse zugedeckt 5 Minuten dünsten. Marinade unterrühren, kurz aufkochen, bis die Sauce gebunden ist.

4. Das Gemüse auf einer Platte anrichten, mit Frühlingszwiebeln bestreuen.

Mein Tip: Besonders würzig wird der Tofu, wenn Sie ihn schon am Tag vorher in die Marinade einlegen.

Gemüsepfuffer mit Salsa Picante

Für 4 Personen

Bestens geeignet, um kleine Gemüsereste in knuspriger Form auf den Tisch zu bringen. Probieren Sie auch die Kombination: Karotten, Kraut, Lauch und Zucchini. Der Teig ist ziemlich flüssig, darum mit dem Eßlöffel immer nur kleine Plätzchen in die Pfanne setzen.

Salsa Picante:
300 g Tomaten, sehr kleine Würfel
1 Päckchen tiefgekühlte, italienische Kräuter
1/2 TL Sherryessig
1 gute Prise Chilipulver
Salz

Gemüsepuffer:
2 Knoblauchzehen, fein gehackt
200 g Karotten, grob gerieben
1 grüne Paprikaschote, sehr feine, 2 cm lange Streifen
1 Stiel Stangensellerie, feine Scheiben
100 g Lauch, längs halbiert, feine Streifen
100 g tiefgekühlte, junge Erbsen
2 EL Petersilie, fein gehackt
4 Eier
4 EL Mehl
Salz
Pfeffer
Öl zum Ausbacken

Salsa Picante:
Tomaten, Kräuter und Essig vermischen, die Sauce mit Chili und Salz abschmecken.

Gemüsepuffer:

1. In einer großen Schüssel Knoblauch und die Gemüse mit Petersilie, Eiern und Mehl verrühren. Den Teig mit Salz und Pfeffer abschmecken.

2. Reichlich Öl in einem Wok oder einer großen Pfanne erhitzen, mit einem Eßlöffel kleine Gemüsehäufchen ins Öl setzen, mit dem Löffel etwas flachdrücken. Die Gemüsepuffer auf beiden Seiten knusprig goldgelb braten, auf Küchenkrepp abtropfen lassen.

3. Zu den Gemüsepuffern Salsa picante reichen.

Bohnen, Zwiebeln und Tomaten

Für 4 Personen

600 g junge, grüne Bohnen, 3 cm lange Stücke oder tiefgekühlte, junge Bohnen
Salz
2 EL Sojasauce
3 EL Sherry
1 TL Sherryessig
$^1/_2$ EL Speisestärke
3 EL Öl
2 Zwiebeln, feine Ringe
1 rote Chilischote, fein gehackt
$^1/_2$ TL brauner Zucker
3 Tomaten, abgezogen, Würfel
100 ml Gemüsebrühe
$^1/_4$ TL geröstetes Sesamöl

Mit tiefgefrorenen Bohnen und geschälten Tomaten aus der Dose entsteht ein blitzschnelles, herzhaftes Gemüsegericht. – Tiefgekühlte Bohnen werden über Wasserdampf in ca. 6 Minuten aufgetaut und kommen dann gleich in den Wok.

1. Bohnen in reichlich Salzwasser in 7 Minuten kochen (sie sollen noch Biß haben). Abgießen, mit kaltem Wasser abschrecken, gut abtropfen lassen.

2. Sojasauce, Sherry, Essig und Speisestärke glattrühren.

3. Öl im Wok erhitzen. Zwiebeln unter Rühren bei schwacher Hitze zuerst weich dünsten, dann bei stärkerer Hitze unter Rühren goldbraun braten.

4. Chili und Zucker dazugeben, unter Rühren kurz anbraten. Bohnen hinzufügen, leicht salzen, unter Rühren 2 Minuten braten. Tomaten zum Gemüse mischen, unter Rühren 2 Minuten erhitzen.

5. Mit Gemüsebrühe aufgießen, zugedeckt 3 Minuten köcheln. Sojamischung einrühren, aufkochen lassen, bis die Sauce gebunden ist. Gemüse vom Herd nehmen. Mit Sesamöl aromatisieren, auf einer großen Platte anrichten.

Fenchel mit Knusperkruste

Für 4 Personen

Gemüse:
800 g Fenchel (4 Knollen), halbiert
500 ml Gemüsebrühe
$1\frac{1}{2}$ EL Butter
3 Tomaten, enthäutet, kleine Würfel
2 Scheiben Weizenvollkorntoast, fein zerkrümelt
50 g Emmentaler, fein gerieben
1 Knoblauchzehe, fein gehackt
abgeriebene Schale von $\frac{1}{2}$ unbehandelter Zitrone
$\frac{1}{2}$ TL Koriander
1 Prise Muskat
1 Prise Chili

Tomatenbouillon:
500 ml Gemüsebrühe (= Kochflüssigkeit des Gemüses)
300 g Tomaten, in Stücke geschnitten
1 EL Butter
1 kleine Zwiebel, fein gehackt
1 TL Instant-Gemüsebrühe
$\frac{1}{2}$ TL Oregano
$\frac{1}{2}$ TL Basilikum
1 Prise Thymian

Vor dem Überbacken wird der Fenchel in Gemüsebrühe bißfest gekocht. In der Backzeit des Fenchels bereiten Sie mit der aromatisierten Gemüsebrühe eine Tomatenbouillon zu, die als leichte Vorspeise serviert wird.

Gemüse:

1. Fenchel in der Gemüsebrühe in ca. 10 Minuten al dente kochen, abgießen, abtropfen lassen. Kochflüssigkeit auffangen! (Wird für Tomatenbouillon weiter verwendet).

2. Eine flache, feuerfeste Form mit Butter ausstreichen, Fenchelhälften nebeneinander hineinsetzen. Die Tomatenwürfel in die Zwischenräume geben, leicht salzen.

3. Zerkrümeltes Brot mit Käse, Knoblauch, Zitronenschale, Koriander, Muskat und Chili vermischen.

4. Die Mischung auf dem Fenchel verteilen. Fenchel im vorgeheizten Ofen bei 200 °C 15 Minuten überbacken.

Tomatenbouillon:
Alle Zutaten im Mixer oder mit dem Mixstab pürieren, die Suppe durch ein Sieb streichen. Kurz erhitzen, mit frischen Kräutern garnieren, dazu Croûtons reichen.

Pilzpastete

Für 4 Personen

2 EL Butter
200 g Lauch, längs halbiert, $^1/_2$ cm breite Streifen
Salz
800 g kleine Champignons
100 ml Sahne
100 ml Weißwein
2 EL Crème fraîche
Pfeffer
2 EL Petersilie, fein gehackt
1 Packung tiefgekühlter Blätterteig
2 Eigelb

Sieht raffiniert aus und macht wenig Arbeit. Für dieses Rezept brauchen Sie kleine Champignons, die im ganzen in die Pastete kommen. Wenn die Wildpilze Saison haben, können Sie auch Pfifferlinge oder Steinpilze verwenden.

1. Ein Eßlöffel Butter in einer Pfanne schmelzen.

2. Lauch darin unter Rühren 3 Minuten anbraten, leicht salzen. Lauch auf dem Boden einer flachen feuerfesten Form verteilen.

3. Restliche Butter schmelzen, Champignons unter Rühren 3 Minuten darin anbraten, leicht salzen.

4. Champignons mit dem Schaumlöffel aus der Pfanne heben, auf dem Lauch verteilen.

5. Sahne, Weißwein und Crème fraîche mit dem Pilzsaft verrühren, die Sauce bei starker Hitze etwas einkochen, mit Salz und Pfeffer abschmecken, mit Petersilie vermischen, über das Gemüse gießen.

6. Blätterteig 3 mm dünn ausrollen, ca. 3 cm größer als die Form ausschneiden. Eigelb verquirlen. Rand der Form mit etwas Eigelb bestreichen. Teig nicht zu straff über die Form legen, am Rand gut festdrücken. Teig mit Eigelb bestreichen. Pilzpastete im vorgeheizten Ofen bei 220 °C ca. 15 Minuten goldbraun backen.

Gemüsepäckchen aus dem Ofen mit Salsa Verde

Für 4 Personen

Gemüsepäckchen:
1 EL Butter
200 g Lauch, längs halbiert, 5 cm lange Stücke
200 g Fenchel, 2 cm dicke Streifen
200 g Karotten, 1/2 cm breite Streifen
Salz
Pfeffer

Salsa Verde:
1 Bund Petersilie, fein gehackt
1 Knoblauchzehe, fein gehackt
1 EL Kapern, fein gehackt
1 EL Semmelbrösel
Saft von 1 Zitrone
abgeriebene Schale von 1/4 unbehandelter Zitrone
1/8 l Olivenöl
Salz
Pfeffer

Salsa Verde, diese klassiche Version der kalten Kräutersauce, wird zubereitet, während das Gemüse im Ofen brutzelt. Im Sommer, wenn der Gartengrill angeworfen wird, können Sie die Gemüsepäckchen auch über der Glut backen.

Gemüsepäckchen:

1. Vier Alufolienstücke (20 x 20 cm) mit Butter bestreichen. Lauch, Fenchel und Karotten in die Mitte der Folie legen, leicht salzen und pfeffern. Alufolie über dem Gemüse zusammenfalten. Die Alufolie soll gut verschlossen sein, damit keine Flüssigkeit, aber auch kein Dampf entweichen kann.

2. Die Gemüsepäckchen im vorgeheizten Ofen 15 Minuten bei 200 °C backen.

Salsa Verde:

Petersilie, Knoblauch, Kapern, Semmelbrösel, Zitronensaft und Zitronenschale gut vermischen. Das Olivenöl nach und nach unterrühren, die Sauce mit Salz und Pfeffer abschmecken. Salsa Verde zum Gemüse reichen.

Brokkoli-Tomaten-Gratin

Für 4 Personen

Gratin:
700 g Brokkoli, kleine Röschen
1 EL Butter
200 g Tomaten, Scheiben
Salz
4 Frühlingszwiebeln, feine Ringe
$^{1}/_{2}$ TL Basilikum
250 g Joghurt
3 Eier
Muskat
Pfeffer
100 g Emmentaler, gerieben
50 g Parmesan, gerieben
12 schwarze Oliven

Bulgur-Zucchini-Pfanne:
250 g Bulgur
350 ml Gemüsebrühe
1 EL Butter
2 Zucchini, sehr kleine Würfel

In der Backzeit des Gratins kochen Sie eine Bulgur-Zucchini-Pfanne, die Sie zum Gratin servieren.

Gratin:

1. Brokkoli zugedeckt in einem Dämpfeinsatz über Wasserdampf in 8 Minuten weich, aber mit Biß garen.

2. Eine große, flache Auflaufform mit etwas Butter ausstreichen. Brokkoliröschen nebeneinander in einer Schicht in die Form legen. Mit Tomatenscheiben bedecken, leicht salzen, mit Frühlingszwiebeln und Basilikum bestreuen.

3. Joghurt und Eier glattrühren, mit Salz, Muskat und Pfeffer abschmecken. Die Sauce über das Gemüse gießen. Den Auflauf mit Emmentaler, Parmesan und Oliven bestreuen, restliche Butter darauf verteilen. Im vorgeheizten Ofen bei 200 °C 15–20 Minuten backen.

Bulgur-Zucchini-Pfanne:

1. Bulgur in der Gemüsebrühe 5 Minuten zugedeckt köcheln. Vom Herd nehmen und zugedeckt 10 Minuten ausquellen lassen.

2. Butter schmelzen, Zucchini darin unter Rühren kurz anbraten. Das Gemüse mit dem Bulgur vermischen.

Paprika mit Roquefort-Lauch-Füllung

Für 4 Personen

2 rote Paprikaschoten
2 gelbe Paprikaschoten
1 EL Butter
500 g Lauch, längs halbiert, feine Streifen
200 g Edelschimmelkäse (Roquefort, Gorgonzola)
2 Eier
200 g gekochter Naturreis
Salz
Pfeffer
Muskat
100 ml passierte Tomaten
200 ml Gemüsebrühe
2 Knoblauchzehen,
1/2 TL Basilikum
1/2 TL Thymian
1 Lorbeerblatt
1 Nelke

Statt Lauch können Sie auch Champignons für die Füllung verwenden: 300 g Champignons in feine Scheiben schneiden, in etwas Buttter unter Rühren anbraten. Champignons und zwei fein geschnittene Frühlingszwiebeln mit den restlichen Zutaten für die Füllung vermischen.

1. Am Stielende der Paprika einen Deckel abschneiden. Kerne aus den Paprikaschoten entfernen.

2. Butter in einer Pfanne schmelzen, Lauch darin 4 Minuten andünsten.

3. Käse mit der Gabel fein zerdrücken, mit dem Handrührgerät Käse und Eier zu einer glatten Creme rühren. In einer Schüssel Lauch, Reis und Käsecreme gut vermischen, mit Salz, Pfeffer und Muskat abschmecken.

4. Die Masse in die Paprikaschoten füllen. Die abgeschnittenen Deckel auf die Paprika setzen.

5. In einer feuerfesten Form passierte Tomaten mit Gemüsebrühe, Knoblauch, Kräutern und Gewürzen vermischen. Die Flüssigkeit auf dem Herd zum Kochen bringen. Paprika in die Form setzen, im vorgeheizten Ofen bei 200 °C 30 Minuten backen.

Zucchini-Kartoffel-Gratin

Für 4 Personen

250 g Joghurt
100 g Parmesan, frisch gerieben
2 Eier
1 Prise Muskat
Pfeffer
Salz
2 EL Olivenöl
400 g gekochte Kartoffeln, 1 cm dicke Scheiben
400 g Zucchini, 1 cm dicke Längsscheiben
400 g Tomaten, abgezogen, Würfel
1 rote Paprikaschote, sehr kleine Würfel
2 Knoblauchzehen, fein gehackt
1/2 TL Oregano
1/2 TL Thymian
1/4 TL Koriander

Verwenden Sie zum Überbacken nur frisch geriebenen Parmesan. Abgepacktem Parmesan wurde zur Haltbarmachung viel Wasser entzogen. Dadurch schmeckt er sehr intensiv und stark säuerlich. Kaufen Sie gleich ein größeres Stück frischen Parmesan und frieren Sie den Käse portionsweise ein.

1. Joghurt, Eier und die Hälfte vom Käse verrühren, mit Muskat, Pfeffer und Salz würzen.

2. Eine große, flache Auflaufform mit 1 Eßlöffel Öl ausstreichen. Zucchini und Kartoffeln dachziegelartig in die Form legen, leicht salzen.

3. Darauf Tomaten- und Paprikawürfel, Knoblauch, Oregano, Thymian und Koriander streuen.

4. Die Joghurt-Käse-Sauce darauf verteilen. Restlichen Käse darüberstreuen, mit dem übrigen Olivenöl beträufeln. Das Gratin im vorgeheizten Ofen bei 200 °C 25 Minuten backen.

Mein Tip: Backen Sie das Gratin zur Abwechslung in flachen Portionsförmchen. Besonders attraktiv: Die Zucchini in runde Scheiben schneiden und mit den Kartoffeln kreisförmig einschichten.

Gemüse-Spießchen mit Erdnußsauce

Für 4 Personen

Auf den Spießchen steckt eine saftige Mischung aus verschiedenen Gemüsen. Die Erdnußsauce schmeckt auch zu Gemüsepäckchen aus dem Backofen oder zu Karotten und Zuckererbsen aus dem Wasserdampf.

Gemüsespießchen:
1 gelbe Paprikaschote,
2 cm breite Streifen
1 rote Paprikaschote,
2 cm breite Streifen
300 g Zucchini,
1,5 cm breite Scheiben
200 g kleine Champignons
2 Tomaten, Schnitze
3 Frühlingszwiebeln,
4 cm lange Stücke
3 EL ÖL
$^1/_2$ TL Currypulver

Erdnußsauce:
1 EL Zwiebel, fein gehackt
1 Knoblauchzehe, fein gehackt
4 EL Erdnußmus
1 EL Sojasauce
1 EL Zitronensaft
1 TL Honig
1 Prise Chilipulver
abgeriebene Schale einer unbehandelten Zitrone
70 ml kalte Gemüsebrühe

Gemüsespießchen:

1. Paprika, Zucchini, Champignons, Tomaten und Frühlingszwiebeln abwechselnd auf Spießchen stecken.

2. Öl mit Currypulver verrühren. Die Spießchen rundum mit dem Gewürzöl einstreichen, nebeneinander auf ein Backblech legen.

3. Die Spießchen im vorgeheizten Ofen bei 200 °C 15–20 Minuten backen. Nach 10 Minuten einmal umdrehen, eventuell nochmals mit Gewürzöl bestreichen.

4. Die Erdnußsauce zu den Spießchen reichen. Gut paßt dazu körniger Basmatireis.

Erdnußsauce:
Mit dem Handrührgerät alle Zutaten zu einer glatten, cremigen Sauce rühren.

Gefüllte Tomaten

Für 4 Personen

8 mittelgroße, feste Tomaten
200 g tiefgekühlter Blattspinat
3 EL Olivenöl
$^1/_2$ Zwiebel, fein gehackt
2 Knoblauchzehen, fein gehackt
2 EL Petersilie, fein gehackt
100 g Schafskäse, kleine Stücke
100 g gekochter Naturreis
2 EL Pinienkerne
1 Ei
$^1/_4$ TL Minze
$^1/_2$ TL Oregano
Peffer
Salz

Gefülltes Gemüse, ein griechisches Thema mit unendlichen Variationen. Aus Kreta stammt dieses Rezept. Der besondere Pfiff daran: Eine kleine Prise Pfefferminze, frisch oder getrocknet. Die Tomaten schmecken warm und kalt.

1. Am Stielansatz der Tomaten einen Deckel abschneiden. Tomaten mit einem Löffel aushöhlen, einen $^1/_2$ cm dicken Rand stehen lassen.

2. Den aufgetauten Spinat grob hacken. Zwei Eßlöffel Olivenöl in einer Pfanne erhitzen. Zwiebeln und Knoblauch unter Rühren 4 Minuten braten. Spinat und Petersilie hinzufügen, unter Rühren kurz andünsten.

3. In einer Schüssel den Spinat mit Käse, Reis, Pinienkernen und Ei gut vermischen. Die Masse mit Minze, Oregano, Pfeffer und Salz abschmecken, in die Tomaten füllen. Abgeschnittene Deckel auf die Tomaten setzen.

4. Eine flache Auflaufform mit $^1/_2$ Eßlöffel Olivenöl ausstreichen, Tomaten hineinsetzen, mit dem restlichen Öl bestreichen. Tomaten im vorgeheizten Ofen bei 200 °C 20 Minuten backen.

Moussaka

Für 6–8 Personen

Bechamel-Sauce:
50 g Butter
50 g Mehl
750 ml Milch
1 Prise Muskat
Salz
1 Prise Piment

4 EL Olivenöl
1000 g Auberginen, 1 cm dicke Längsscheiben
Salz
400 g Tomaten, dicke Scheiben
3 Frühlingszwiebeln, feine Ringe
1 TL Oregano
Pfeffer
600 g gekochte Kartoffeln, 1 cm dicke Scheiben
100 g Parmesan, gerieben
1 EL Butter

1. Für die Bechamel-Sauce die Butter in einem kleinen Topf schmelzen. Mehl darin unter Rühren erhitzen, bis ein angenehmer Duft aufsteigt. Heiße Milch mit dem Schneebesen einrühren, mit Muskat, Salz und Pfeffer würzen. Sauce 3 Minuten bei schwacher Hitze köcheln.

2. Backblech mit 2 Eßlöffeln Olivenöl bestreichen. Auberginenscheiben nebeneinander darauf legen, leicht salzen, mit 2 Eßlöffeln Öl beträufeln. Im vorgeheizten Ofen bei 200 °C 20 Minuten backen. Nach 10 Minuten einmal umdrehen.

3. Eine große, flache Auflaufform mit Olivenöl ausstreichen. Den Boden mit gebackenen Auberginenscheiben bedecken.

4. Darauf Tomatenscheiben und Frühlingszwiebeln verteilen. Mit Oregano, Salz und Pfeffer würzen. Moussaka mit Kartoffelscheiben abschließen.

5. Die Bechamelsauce darauf verteilen, mit Käse und Butterflöckchen bestreuen. Moussaka im vorgeheizten Ofen bei 200 °C 25 Minuten backen.

Japanischer Topf

Für 4 Personen

4 EL Öl
1 Zwiebel, feine Ringe
200 g Karotten,
1,5 cm dicke Scheiben
200 g Kohlrabi,
1,5 cm dicke Scheiben
200 g Lauch, 1,5 cm dicke Scheiben
200 g Brokkoli, Röschen
200 g Kartoffeln,
1 cm dicke Scheiben
300 ml Gemüsebrühe
1/2 TL Ingwerwurzel, fein gehackt
1 EL Sojasauce
1 EL Sherry (medium)
200 g Tofu, kleine Würfel

In ländlichen Gegenden Japans wurden im Winter einfache Eintopfgerichte in einem großen Topf über dem offenen Feuer zubereitet. Die Zutatenliste ist, je nach Vorratslage, variierbar. Auch weißer Rettich, Blumenkohl, Sellerie und Nudeln eignen sich für diese magenerwärmende Speise.

1. Öl in einem flachen Topf erhitzen. Zwiebeln zuerst bei schwacher Hitze glasig dünsten, dann unter Rühren goldgelb braten.

2. Gemüse hinzufügen, 2 Minuten unter Rühren braten. Mit Gemüsebrühe aufgießen, mit Ingwer, Sojasauce und Sherry würzen.

3. Gemüse zugedeckt 10–15 Minuten köcheln. Die Gemüse sollen weich sein, aber noch Biß haben.

4. Während der letzten 4 Minuten den Tofu hinzufügen.

Mein Tip: Dazu – typisch japanisch – milden Maronenreis: 20 geschälte Eßkastanien mit 200 g Naturreis, 1 TL Honig, 1 TL Sojasauce und 500 ml Wasser zum Kochen bringen und zugedeckt 45 Minuten köcheln.

Grüne Bohnen und Karotten in Mandel-Meerrettich-Sauce

Für 4 Personen

2 EL Öl
1 Zwiebel, fein gehackt
2 Knoblauchzehen, fein gehackt
600 g grüne Bohnen, 3 cm lange Stücke (auch tiefgekühlt)
200 g Karotten, $^{1}/_{2}$ cm dicke Scheiben
Salz
300 ml Gemüsebrühe
100 g Mandeln, grob gehackt
4 EL Sahne
1 Prise Muskat
1 Prise Piment
1-2 EL Meerrettich, frisch gerieben
1 EL Petersilie, fein gehackt

Wenn Sie tiefgekühlte Bohnen verwenden, verkürzt sich die Kochzeit. In diesem Fall müssen die Karotten etwas dünner geschnitten werden, so daß sie gleichzeitig mit den Bohnen gar sind.

1. Öl in einem flachen Topf erhitzen. Zwiebeln und Knoblauch glasig dünsten, dann unter Rühren goldgelb braten. Bohnen und Karotten dazugeben, leicht salzen, unter Rühren kurz anbraten, mit Gemüsebrühe aufgießen. Das Gemüse zugedeckt 8 Minuten köcheln.

2. Gemüse in ein Sieb geben, Kochflüssigkeit auffangen. Kochflüssigkeit mit Mandeln, Sahne, Muskat und Piment im Mixer fein pürieren.

3. Mandelsauce zum Kochen bringen. Gemüse dazugeben. Noch 5 Minuten zugedeckt bei schwacher Hitze köcheln, ab und zu umrühren.

4. Vom Herd nehmen, Meerrettich unterrühren. Die Sauce mit Salz abschmecken, Gemüse mit Petersilie garniert servieren.

Paprika-Kürbis-Curry

Für 4 Personen

3 EL Öl
1 große Zwiebel, feine Ringe
4 Knoblauchzehen, fein gehackt
1 TL Ingwerwurzel, fein gehackt
2 TL Currypulver
2 rote Paprikaschoten,
1 cm breite Streifen
1 gelbe Paprikaschote,
1 cm breite Streifen
300 g Kürbis, 2 cm große Würfel
300 g geschälte Tomaten aus der Dose,
Stücke
200 ml Gemüsebrühe
1 EL Zitronensaft
2 EL Korianderblätter oder Petersilie,
fein gehackt

Zum feurigen Curry gibt es Raita, eine schnell angerührte, erfrischende Joghurtsauce, und Reis.

1. Öl in einem flachen Topf erhitzen, Zwiebeln und Knoblauch unter Rühren goldgelb braten. Ingwer und Currypulver dazugeben, kurz unter Rühren mitrösten.

2. Paprika unterrühren, leicht salzen, alles unter Rühren 2 Minuten braten. Kürbis, Tomaten und Gemüsebrühe zugeben, alle Zutaten gut vermischen. Das Gemüse zugedeckt ca. 20 Minuten köcheln, ab und zu vorsichtig umrühren.

3. Gemüse vom Herd nehmen, Zitronensaft und Kräuter untermischen.

Apfel-Sellerie-Raita

Für 4 Personen

200 Joghurt
1 kleiner, saftiger, säuerlicher Apfel,
sehr kleine Stücke
1/2 Stiel Stangensellerie,
sehr kleine Würfel

Joghurt glattrühren, mit Apfel und Sellerie vermischen.

Urlaubsgemüse

Für 4 Personen

4 EL Olivenöl
2 Zwiebeln, fein gehackt
6 Knoblauchzehen, feingehackt
200 g junge, grüne Bohnen, halbiert
200 g Auberginen, kleine Würfel
Salz
300 ml Gemüsebrühe
1 Lorbeerblatt
1/2 TL Thymian
1/2 TL Oregano
Pfeffer
Piment
500 g Tomaten, abgezogen, Würfel
200 g weiße Bohnen aus der Dose, abgetropft
200 g Zucchini, 1,5 cm dicke Stücke
1 EL Petersilie, fein gehackt
1 EL Dill, fein gehackt

Zucchini, Auberginen, grüne und weiße Bohnen in gut gewürzter Tomatensauce. Dazu Tsatsiki, Oliven, Fladenbrot und ein leicht geharzter Retsina; da werden Erinnerungen an griechische Inseltage wach.

1. In einem flachen Topf Olivenöl erhitzen. Zwiebeln und Knoblauch darin unter Rühren anbraten.

2. Grüne Bohnen und Auberginen hinzufügen, leicht salzen, kurz unter Rühren anbraten. Mit Gemüsebrühe aufgießen, mit Lorbeerblatt, Thymian, Oregano, Pfeffer und Piment würzen. Das Gemüse zugedeckt in ca. 10 Minuten garen (es soll noch Biß haben).

3. Tomaten unterrühren, bei geöffnetem Topf 5 Minuten köcheln. Weiße Bohnen und Zucchini untermischen, weitere 5 Minuten köcheln. Das Gemüse soll von einer sämigen Sauce umgeben sein. Mit Petersilie und Dill garnieren.

Mein Tip: Dazu Knoblauchbaguette: Butter mit Knoblauch, frischen Kräutern und abgeriebener Zitronenschale glattrühren, mit Salz und Pfeffer abschmecken. Baguette in 1,5 cm Abständen einschneiden. Brot mit Knoblauchbutter bestreichen, im Ofen 5 Minuten backen.

Erbsen und Kartoffeln in Kokos-Curry-Creme

Für 4 Personen

2 EL ÖL
1 Zwiebel, feine Ringe
3 Knoblauchzehen, fein gehackt
1 TL Ingwerwurzel, fein gehackt
1-2 grüne Chilischoten, fein gehackt
$^{3}/_{4}$ TL Kreuzkümmel (Cumin)
$^{3}/_{4}$ TL Koriander
$^{1}/_{4}$ TL Zimt
1 Prise Kardamom
1 Nelke
400 g Kartoffeln, Würfel
Salz
300 ml Kokosmilch (S. 13)
1 TL Instant-Gemüsebrühe
abgeriebene Schale von
$^{1}/_{2}$ unbehandelter Zitrone
3 EL Crème fraîche
450 tiefgekühlte, junge Erbsen
$^{1}/_{2}$-1 EL Zitronensaft
1 EL Korianderblätter oder Petersilie, fein gehackt

Kartoffeln nehmen das Aroma der Curry-Gewürze besonders gut auf und sind darum beliebter Bestandteil von indischen Gemüsegerichten. Statt der einzelnen Gewürze können Sie auch zwei Teelöffel fertige Currymischung verwenden. Dann aber die Chilischote weglassen.

1. Öl in einem flachen Topf erhitzen. Zwiebeln darin zuerst bei schwacher Hitze anbraten, dann unter Rühren goldgelb werden lassen. Knoblauch, Ingwer und Chili dazugeben, unter Rühren mitbraten. Kreuzkümmel, Koriander, Zimt, Kardamom und Nelke hinzufügen, unter Rühren miträsten.

2. Kartoffeln untermischen, leicht salzen, kurz unter Rühren anbraten. Mit Kokosmilch aufgießen, mit Instant-Gemüsebrühe und Zitronenschale würzen, zugedeckt in ca. 12 Minuten fast garen.

3. Crème fraîche mit etwas Brühe glattrühren, mit den Erbsen unter die Kartoffeln mischen. Das Curry im offenen Topf 4 Minuten köcheln.

4. Curry vom Feuer nehmen, mit Zitronensaft würzen, mit Koriandergrün garniert servieren.

Wintergemüse mit Nußbutter

Für 4 Personen

Nußbutter:
30 g geriebene Haselnüsse
40 g Butter
Salz
Pfeffer

Wintergemüse:
2 EL ÖL
1 Zwiebel, feine Ringe
1/2 TL brauner Zucker
200 g Karotten,
1,5 cm dicke Scheiben
200 g Sellerie, 1,5 cm große Würfel
Salz
200 g Lauch, längs halbiert,
2 cm breite Streifen
1 kleiner Wirsing (400 g),
in Achtel geschnitten
300 ml Gemüsebrühe
Muskat
Piment
abgeriebene Schale einer
unbehandelten Zitrone
1 TL Zitronensaft

Nußbutter:
Haselnüsse in einer trockenen Pfanne kurz unter Rühren anrösten. Mit der Butter vermischen. Die Nußbutter mit Salz und Pfeffer abschmecken. Kaltstellen.

Wintergemüse:

1. Öl in einem flachen Topf mit dickem Boden erhitzen. Zwiebeln darin bei schwacher Hitze glasig werden lassen, dann unter Rühren goldgelb braten. Zucker dazugeben, unter Rühren kurz karamelisieren lassen.

2. Karotten und Sellerie untermischen, leicht salzen, unter Rühren anbraten. Lauch und Wirsing dazugeben, mit Gemüsebrühe aufgießen, mit Muskat, Piment und Zitronenschale würzen, zugedeckt ca. 12 Minuten köcheln. Die Gemüse sollen weich sein, aber noch Biß haben.

3. Die kalte Nußbutter in Stücke schneiden. Vom Gemüse einen Schöpfer Brühe abnehmen, mit der Nußbutter verrühren. Die so entstandene Sauce unter das Gemüse mischen. Das Wintergemüse mit Zitronensaft und Salz abschmecken.

Karottencurry mit Bananensauce

Für 4 Personen

1 EL Butter
1 EL Öl
1 TL Currypulver
700 g Karotten,
3 mm dünne Scheiben
Salz
150 ml Gemüsebrühe
abgeriebene Schale einer
unbehandelten Zitrone
1 Banane, Stücke
1 EL frisch gepreßter Orangensaftt

Überraschen Sie Ihre Gäste mit einer indischen Reistafel. Currys lassen sich gut vorbereiten und vertragen es, wenn sie einmal aufgewärmt werden.
Sie bieten an: Erbsen und Kartoffeln in Kokos-Curry-Creme (S. 88), Karottencurry mit Bananensauce, Paprika-Kürbis-Curry und Apfel-Sellerie-Raita (S. 85). Dazu reichen Sie Reis und zum Nachtisch Feigen, Ananas, Pfirsche und Nüsse.

1. Butter und Öl in einem Topf mit dickem Boden erhitzen. Currypulver darin kurz unter Rühren anrösten. Karotten hinzufügen, leicht salzen, zugedeckt 3 Minuten bei schwacher Hitze garen.

2. Mit dem Mixstab Gemüsebrühe, Zitronenschale und Bananenstückchen fein pürieren.

3. Die Sauce an die Karotten gießen, zugedeckt 4 Minuten köcheln.

4. Karotten vom Herd nehmen, mit Orangensaft abschmecken.

Türkischer Bohnentopf

Für 4 Personen

2 EL Olivenöl
1 große Zwiebel, feine Ringe
4 Knoblauchzehen, feine Scheiben
200 g Kartoffeln, Schnitze
Salz
$^1/_2$ TL Kreuzkümmel (Cumin)
$^1/_2$ TL Koriander
1 gute Prise Piment
$^1/_2$ TL Oregano
300 g junge Bohnen, längs halbiert,
4 cm lange Stücke
1 gelbe Paprikaschote,
1 cm breite Streifen
200 ml Gemüsebrühe
400 g Tomaten, abgezogen, Schnitze
Pfeffer
1 Bund Basilikum, fein gehackt

Die Zubereitung ist einfach, Sie müssen sich aber Zeit lassen. Die Kartoffeln werden ohne Zugabe von Flüssigkeit geschmort, so daß sie eine leichte Kruste bilden. Für die Sauce müssen Sie Geduld aufbringen. Dann wird sie so sämig und würzig, wie sie für ein köstliches orientalisches Gemüsegericht sein muß.

1. Olivenöl in einem flachen Topf mit dickem Boden erhitzen. Zwiebeln darin bei schwacher Hitze zuerst 15 Minuten glasig werden lassen, dann unter Rühren goldgelb braten.

2. Knoblauch und Kartoffeln dazugeben, leicht salzen, unter Rühren kurz anbraten. Zugedeckt 8 Minuten bei schwacher Hitze dünsten, ab und zu umrühren.

3. Kreuzkümmel, Koriander, Piment, Oregano, Bohnen und Paprika dazugeben, die Gemüse kurz unter Rühren anbraten. Mit Gemüsebrühe aufgießen, zugedeckt ca. 12 Minuten bei schwacher Hitze dünsten, bis die Bohnen weich sind.

4. Tomaten untermischen, das Gemüse noch ca. 5 Minuten im offenen Topf köcheln; es soll eine sämige Sauce entstehen.

5. Gemüse mit Pfeffer abschmecken, vom Herd nehmen, mit Basilikum vermischen. Dazu Tsatsiki und Reis reichen.

ELISABETH FISCHER
VEGETARISCH KOCHEN

Pasta

ORBIS VERLAG

INHALT

Das Leben ist zu kurz, um schlecht zu essen

Wer kennt das nicht: Kaum Zeit zum Essen und zum Kochen schon dreimal nicht. Der Spaß am Essen – und das war's doch mal, erinnern Sie sich – verkommt zum Verzehren matschiger Sandwiches und zum hastigen Hinunterschlingen vorgefertigter Nahrungsteile. Treibt die Futtersuche den Hungrigen ins nächste Restaurant, wartet meist auch dort Standardkost: Öde auf den Tellern angesichts der größten Lebensmittelauswahl in der Geschichte. Wer die Vertreibung aus dem Eßparadies nicht hinnehmen will, spezialisiere sich auf die Zubereitung von Pasta. Nudelgerichte befreien Streßgeplagte aus den Klauen der Zeitnot und sind der Rettungsanker, an dem sich Genußwillige aus dem Einheitsbrei ziehen.

In 15 bis 20 Minuten steht ein köstliches Pastagericht fix und fertig auf dem Tisch

Der Weg ins Restaurant, einschließlich Bestellen und Warten aufs Essen, dauert länger. Aber, warum sollten Sie sich mit meist Mittelmäßigem begnügen, wenn Sie statt dessen ein köstliches Pastagericht zubereiten können?

Mit etwas Organisation und dem richtigen Timing haben auch Menschen, die (bis jetzt) selten kochen, Erfolg mit der schnellen Pasta-Küche.

Und so funktioniert's: Zuerst einen großen Topf mit Nudelwasser aufsetzen. Nudeln wollen unbehelligt schwimmen; seien Sie darum großzügig mit dem Wasser. Bis das Wasser seinen Siedepunkt erreicht hat, schneiden Sie die Zutaten für die Sauce, z. B. Knoblauch, Paprika, Pilze, Tomaten.

Zwiebeln sind ungeeignet für blitzschnelle Saucen, denn sie müssen langsam weich und goldgelb gebraten werden. Auf den Zwiebelgeschmack brauchen Sie aber trotzdem nicht zu verzichten. Greifen Sie zu zarten Frühlingszwiebeln: Sie haben eine ganz kurze Garzeit oder werden hauchdünn geschnitten und roh unter die fertige Pasta gemischt.

Sobald die Nudeln im Wasser sind, erhitzen Sie Olivenöl und/oder Butter in einer großen Pfanne. Zuerst Knoblauch unter Rühren anbraten – eine Affäre von etwa 20 Sekunden. Knoblauch darf nicht braun werden, sondern sich nur leicht hellgelb verfärben. Braun gebratener Knoblauch schmeckt bitter und zerstört den Geschmack Ihrer Sauce.

Nun kommen nacheinander die Gemüse in die Pfanne und werden unter Rühren kurz angebraten. Zuerst die härteren Gemüse wie Paprika, dann weichere wie Pilze. Jetzt fehlen noch Salz, die Gewürze und Tomaten oder Sahne, die für eine feine Sauce sorgen. Mit Sahne oder Tomaten dünsten Sie die Gemüse zugedeckt nur noch wenige Minuten. Wichtig: Die Gemüse sollen immer noch einen guten Biß haben.

Die Nudeln, selbstverständlich auch al dente gekocht, in ein Sieb abgießen, praktischerweise über der Servierschüssel der Pasta, die damit gleich vorgewärmt wird. Nudeln gut abtropfen lassen. Servierschüssel austrocknen.

In die große, gewärmte Schüssel gibt man nun zuerst die Nudeln und die Sauce, dann all die anderen Zutaten, die Abwechslung in die Pasta-Küche bringen: Ein Teil vom Käse, Oliven oder Kapern, vielleicht ein, zwei Eßlöffel Crème fraîche oder gehackte Nüsse und immer wieder frische Kräuter. Manchen Pastagerichten bekommt es auch, wenn reife Tomaten, abgezogen und in winzige Würfel geschnitten, erst zum Schluß untergemischt werden.

Damit das Gemüse minimale Garzeiten hat, muß es sehr fein geschnitten sein

Dazu brauchen Sie ein gutes, sehr scharfes Messer und ein großes Brett. Scheuen Sie diese Investition nicht; sie wird Ihren Kochalltag verändern. Mit einem stumpfen, kleinen Messer quälen Sie sich gefrustet durch den Lauch, und die Nudeln sind gar, bevor Sie überhaupt mit der Sauce anfangen konnten. Und von einem winzigen Brettchen rollt das Gemüse beim Schneiden herunter – äußerst lästig!

Legen Sie sich einen Vorrat an zeitsparenden Zutaten an!

Die meiste Zeit sparen Sie mit hochwertigen Zutaten, die ohne jeglichen Arbeitsaufwand viel Geschmack ins Essen bringen, wie gutes Olivenöl oder naturgereifter, frisch geriebener Käse. Kaufen Sie darum gleich ein größeres Stück Parmesan und frieren Sie den Käse portionsweise ein.

Sonnengereifte und damit saucengeeignete Tomaten gibt es nur wenige Wochen. Mit geschälten Tomaten aus der Dose, passierten Tomaten aus dem Tetra-Pack oder tiefgefrorenem Tomatenpüree holen Sie sich das ganze Jahr über die Basis für tausendundein Pastagericht ins Haus (S. 16 ff.).

Ihr Zeitaufwand bei tiefgefrorenen Kräutern dauert nur einen »Ratsch« lang – dann haben Sie die Packung aufgerissen und die Kräuter in die Schüssel geschüttelt. Basilikum, italienische Kräutermischung, Petersilie, Schnittlauch, die eisigen Kräutlein sind ein Segen für die schnelle Pasta-Küche.

Wenn sonst gar nichts mehr geht, dafür haben Sie immer Zeit: Abgezogene, eingeschnittene Tomaten und etwas Olivenöl in einer kleinen Pfanne erhitzen, Nudeln al dente kochen. Nudeln in einer Schüssel mit Tomatensauce, italienischen Kräutern und geriebenem Parmesan vermischen, mit frisch gemahlenem Pfeffer bestreuen.

Weitere Vorräte, die im Vorratsschrank geduldig auf ihren Einsatz warten sollten, sind Oliven und Kapern im Glas, Walnüsse, Mandeln und Pinienkerne.

Brokkoli, Blattspinat und junge Erbsen – tiefgekühlt sind sie stets parat, wenn die Lust auf Spaghetti ausbricht. Tauen Sie Brokkoli und Spinat in wenigen Minuten, zugedeckt in einem Siebeinsatz, über Wasserdampf auf. Dabei behält das zarte Grünzeug seine strahlende Farbe. Junge Erbsen kommen gleich aus der Packung in die Pfanne. Vorsicht! Ihre Garzeit beträgt nicht wie üblicherweise angegeben sieben, sondern nur drei Minuten, denn sonst werden sie schrumpelig und büßen ihren frischen Geschmack ein.

Wie wär's mit schnellen Spinatnudeln: Tiefgekühlten Blattspinat in einem Siebeinsatz über Wasserdampf auftauen, in mundgerechte Stücke schneiden. In einer großen Pfanne feingeschnittene Frühlingszwiebeln kurz in etwas Fett anbraten, den Spinat dazugeben, salzen, unter Rühren erhitzen. Den Spinat mit etwas Sahne aufgießen, mit Muskat würzen, zugedeckt drei Minuten köcheln lassen. Die Nudeln mit dem Spinat, ein wenig Crème fraîche, tiefgekühltem Basilikum und feingeriebenem Parmesan vermischen und mit frisch gemahlenem, schwarzem Pfeffer bestreuen.

Im Handumdrehen satt werden Sie auch durch Spaghettini mit Kichererbsen, Knoblauchöl und Kräutern. Da es schnell gehen muß, nehmen wir für dieses herzhafte, pikante Gericht ausnahmsweise Kichererbsen aus der Dose. Weniger Zeitaufwand ist kaum mehr möglich: Knoblauch und Chili kurz in Olivenöl anbraten, die Kichererbsen dazugeben, kurz erhitzen und salzen. Nudeln mit Knoblauchöl, Kichererbsen, Tomatenwürfeln, tiefgefrorener Petersilie und Parmesan vermischen. Fertig!

Die Qual der Wahl – welche Nudeln zu welcher Sauce?

Es müssen – besser ausgedrückt –: es dürfen nicht immer Spaghetti sein! Denn durch unpassende Nudeln kann die Freude an einem gelungenen Sugo durchaus getrübt werden. Spaghetti sind zum Beispiel denkbar ungeeignet für ein Pastagericht mit Brokkoli und Paprika. Brokkoliröschen und Paprikastreifen lassen sich kaum unter die Spaghetti rühren und landen schließlich, trotz angestrengter Mischversuche, auf dem Boden der Servierschüssel. Wer sich zuerst bedient, bekommt dann hauptsächlich Nudeln, wer zuletzt an der Reihe ist, überproportional viel Gemüse.

Ideal für Saucen mit größeren Gemüsestückchen sind kurze, dickere Nudeln (Penne und Rigatoni) oder formenreiche Nudelgebilde (Rädchen, Schleifchen, Spiralen, Muscheln). Mit ihnen herrscht ein ausgeglichenes Verhältnis von Nudeln und Sauce auf dem Teller. Lange Nudeln (Spaghetti, Maccaroni, Tagliatelle) eignen sich für Cremesaucen, Tomatensauce, Saucen mit winzigen Gemüsestückchen und Pesto. Diese Saucen sorgen dafür, daß sich die schlanken Nudeln nicht ineinander verwickeln und verteilen sich gleichmäßig an der Nudeloberfläche.

Zu Tomatensauce, Sugo mit kleinen Gemüsewürfelchen, Cremesauce, Pesto:
Tagliatelle ①
Fettucine ②
Maccaroni ③
Spaghettini ④
Spaghetti ⑤

Zu Saucen mit größeren Gemüsestückchen:
Farfalle ⑥
Cappelletti ⑦
Spiralen ⑧
Congilie ⑨
Rädchen ⑩
Penne ⑪
Rigatoni ⑫
Kurze Maccaroni ⑬

Für besondere Gelegenheiten – Pasta selbstgemacht

Kochen ganz ohne Streß und Zeitdruck gehört zu den geradezu entspannenderen Tätigkeiten. Ein verregneter Samstag ist genau richtig für eine Einladung zum Nudelessen. Mit hausgemachter Pasta werden Sie Ihre Gäste begeistern. Den etwas größeren Arbeitsaufwand für die Nudelproduktion können Sie bei der Zubereitung der Sauce wieder wettmachen. Denn hausgemachte Nudeln brauchen keine großartige Begleitung; sie schmecken schon köstlich mit etwas Butter und frisch geriebenem Parmesan oder einer einfachen Tomaten-Basilikum-Sauce.

Auch ohne Teigknet- und Nudelmaschine ist selbstgemachte Pasta kein Kunststück.

①
Mehl und Salz in eine Schüssel geben. In die Mitte eine kleine Mulde drücken. Eier und Wasser hinzufügen.

②
Die Zutaten zu einem geschmeidigen Teig verarbeiten und anschließend auf dem Nudelbrett weiterverarbeiten.

③
Den Teig 15 Minuten kräftig von Hand durchkneten. Danach mit einem Tuch bedecken und 30 Minuten ruhen lassen.

④
Nach der Ruhephase den Teig in drei gleich große Stücke teilen.

⑤
Den Teig auf einem mit Mehl bestäubten Brett ausrollen. Danach die Teigplatten etwa 10 Minuten trocknen lassen.

⑥
Für Nudeln wird der Teig in etwa 4 mm breite Streifen geschnitten, für Lasagne in 10 cm große Quadrate.

Eiernudeln

Für 4 Personen

400 g Weizenmehl
1 TL Salz
4 Eier
2–3 EL Wasser

1. Mehl und Salz in eine große Schüssel geben. In die Mitte eine kleine Mulde drücken, die aufgeschlagenen Eier und das Wasser hineingeben. Mit einem Rührlöffel Eier und Mehl zu einem geschmeidigen Teig verarbeiten.

2. Auf einem Nudelbrett den Teig 15 Minuten kräftig von Hand kneten, bis er sich vom Brett löst.

3. Teig in einer Schüssel, mit einem Küchentuch bedeckt, 30 Minuten ruhen lassen.

4. Teig in drei Teile teilen. Ein großes Brett und die Teigrolle leicht mit Mehl bestäuben. Teig dünn ausrollen.

5. Teigplatten ca. 10 Minuten leicht antrocknen lassen, für Nudeln in 4 mm breite Streifen, für Lasagne in 10 cm große Quadrate schneiden.

6. Frische Nudeln in reichlich Salzwasser in nur wenigen Minuten al dente kochen.

Vollkornnudeln

Für 4 Personen

400 g Vollkornmehl, auf feinster Stufe gemahlen
1 TL Salz
4 Eier
2–3 EL Wasser

1. Mehl und Salz in eine große Schüssel geben. In die Mitte eine kleine Mulde drücken, die aufgeschlagenen Eier und das Wasser hineingeben. Mit einem Rührlöffel Eier und Mehl zu einem geschmeidigen Teig verarbeiten.

2. Auf einem Nudelbrett den Teig 15 Minuten kräftig von Hand kneten, bis er sich vom Brett löst.

3. Teig gut verschlossen in einem Plastikbeutel 1 Stunde ruhen lassen.

4. Teig in drei Teile teilen. Ein großes Brett und die Teigrolle leicht mit Mehl bestäuben. Teig dünn ausrollen.

5. Teigplatten ca. 10 Minuten leicht antrocknen lassen, für Nudeln in 4 mm breite Streifen, für Lasagne in 10 cm große Quadrate schneiden.

6. Frische Nudeln in reichlich Salzwasser in nur wenigen Minuten al dente kochen.

Mein Tip: Sehr schnell ist der Nudelteig in einer Teigknetmaschine zubereitet: Alle Zutaten in die Rührschüssel geben und in 5 Minuten zu einem geschmeidigen Teig kneten lassen. – Auch die Anschaffung einer Nudelmaschine lohnt sich, wenn Sie öfter Pasta selbst machen wollen.

Auf die Würze kommt's an

Mit ein und denselben Grundzutaten können Sie die verschiedensten Pasta-Gerichte zubereiten. Sie haben Lauch, Pilze, Spinat und Appetit auf ein mildes, cremiges Nudelvergnügen? Dann braten Sie das Gemüse zuerst kurz in Butter an und dünsten es anschließend in einer Sahnesauce, sanft abgeschmeckt mit nussigem Muskat, Piment und wenig Pfeffer. Bestreut wird das Ganze mit Petersilie, es sei denn, es ist Frühling und Sie finden auf einem Spaziergang feinblättrigen, frischen Kerbel. Dann geben Sie dieses Kräutlein an die Nudeln, allerdings erst ganz am Schluß, wenn die Nudeln schon in der Schüssel sind, denn Hitze schadet dem zarten Aroma.

Essen wie am Mittelmeer? Der typische, herzhafte Geschmack an die Gemüse-Nudeln kommt jetzt von reichlich Knoblauch, prickelnder Minze, Basilikum, Schafskäse und Oliven.

Überhaupt Knoblauch! Lieblingskind der Mittelmeerküche, Retter vor sämtlichen Vampiren dieser Welt, tollste aller Knollen. Solange in einer Küche Knoblauch, Olivenöl, Nudeln, Salz und Pfeffer vorrätig sind, bleiben die Teller nie leer. – Aber zurück zu unserer kulinarischen Weltreise, für welche die Gewürze das preiswerte Ticket sind.

Sie lieben die chinesische Küche? Dann werden unsere wohlvertrauten Drei, Lauch, Pilze und Spinat, samt den Nudeln im Wok gebraten, minutenschnell und unter ständigem Rühren. Das fernöstliche Aroma bringen Sojasauce, frischer, fein gehackter Ingwer, Chili und geröstetes Sesamöl. Letzteres verströmt sein intensives Aroma nur tropfenweise in das bereits fertige Nudelgericht.

Oder doch lieber thailändisch? Dann brauchen Sie cremige Kokosmilch, feurige Currygewürze,

frischen Koriander, belebende Zitrone oder Limone und selbstverständlich Knoblauch, der auf der ganzen Welt zu Hause ist. Damit wird aus unseren Grundzutaten, die es in jedem Supermarkt gibt, ein echtes thailändisches Nationalgericht.

Würzen ist weder zeit- noch arbeitsaufwendig. Ein Griff ins Regal macht den ganzen Unterschied aus. Mit einem gut gefüllten Gewürzregal kommt in den Töpfen keine Langeweile auf, und es macht Spaß, der Phantasie freien Lauf zu lassen und neue Kombinationen zu entdecken.

Ein Hauch frischer Ingwer, feinst gehackt, unterstützt von abgeriebener Zitronenschale bringt ein angenehmes Prickeln in vertraute Sahnesaucen. Soll der Tomaten-Gemüse-Sugo besonders kräftig schmecken, wird die Saucengrundlage – gebratene Zwiebeln und Knoblauch – mit wenig Sojasauce abgelöscht und unter Rühren gebraten, bis die Flüssigkeit verkocht ist. Erst dann kommen winzige Karotten-, Sellerie- und Paprikawürfel und zum Schluß die Tomaten in die Pfanne.

Sojasauce verträgt sich hervorragend mit Kokosmilch, Zitrone und Currygewürzen. Wenn Sie die Erfahrung machen wollen, wie die Sauce aus China in Verbindung mit dieser thailändischen Geschmackskombination schmeckt, dann probieren Sie die indonesische Nudelpfanne auf Seite 88.

Die Welt zu Gast auf Ihrem Teller

Leicht erhältliche Würzmittel, die aus heimischen Zutaten internationale Spezialitäten machen:

Mittelmeer:	*Thailand:*	*China, Japan:*	*heimatlich vertraut:*
Olivenöl ①	Kokosmilch ⑩	Ingwer ⑭	Muskat ㉑
Knoblauch ②	Limone oder Zitrone ⑪	Sesam ⑮	Piment ㉒
Basilikum ③	Currygewürze ⑫	Sesamöl ⑯	Petersilie ㉓
Minze ④	frischer Koriander ⑬	Sojasauce ⑰	Schnittlauch ㉔
Thymian ⑤		Reiswein ⑱ oder Sherry ⑲	Dill ㉕
Oregano ⑥		Chili ⑳	
Lorbeer ⑦			
Oliven ⑧			
Kapern ⑨			

Pasta-Party: Kochen mit Freunden

Ein Fest steht ins Haus, die Einladungen sind verschickt, aber die Frage »Was gibt's zum Essen?« ist noch nicht geklärt. Ausgezeichnet muß es schmekken, satt machen sowieso, denn die Nacht ist lang, und hungrig gebliebene Gäste verschwinden bald. Preiswert soll's sein, ohne viel Aufwand zubereitet und vor allem – mal was anderes.

Mit einer Pasta-Party können Sie sich als Gastgeber profilieren. Ein Buffet mit drei bis vier Saucen, z. B. Pilz-Sugo, Sauce mit Paprika und gerösteten Zwiebeln, Tomatencreme und Kräuter-Mandel-Pesto. Dazu verschiedene Schälchen mit frisch geriebenem Parmesan, Räucher- und Schafskäse, Mozzarella, gehackten Walnüssen, Pepperoni, Oliven, Basilikum, Petersilie und feingeschnittenen Frühlingszwiebeln.

Jeder Gast stellt sich sein persönliches Pastagericht zusammen. Unzählige Variationen sind möglich: Zum Einstieg vielleicht etwas Kräuterpesto und Pilzsugo unter die Nudeln gemischt, das Ganze mit Parmesan und Walnüssen bestreut. Kommt die Party in Schwung, werden auch die Essensgelüste kühner, dann sind Nudeln mit Tomatencreme, sämtlichen Käsesorten und allem Kleingehackten an der Reihe. Und wenn früh am Morgen die Kräfte nachlassen, stärkt Pasta mit Paprika und gerösteten Zwiebeln, dazu Räucherkäse, Pepperoni und Oliven für den vorletzten Tanz.

Die Nudeln werden ab und zu frisch gekocht. Für die Party sind auch bunte Nudeln und ausgefallene Formen angesagt. Die Saucen werden auf Rechauds warm gehalten. Ein guter Tip: Die Saucen nur in kleineren Portionen warm halten, den Rest nach Bedarf kurz auf dem Herd aufwärmen und nachfüllen.

Hört sich alles nach viel Arbeit an? Laden Sie einige gute Freunde bereits zum Kochen ein. Während der Vorbereitungen läßt es sich wunderbar plaudern, und gemeinsam Kochen sorgt schon vor Partybeginn für Stimmung, gemeinsam Abspülen vielleicht weniger. Aber in guter Gesellschaft macht sogar der Abwasch Spaß. Vor allem Männer können sich bei der Dame ihres Herzens beliebt machen, indem sie zum Geschirrtuch greifen und, sollte ihnen bis jetzt kein Thema eingefallen sein, über die Zubereitung des perfekten Sugos plaudern. Es wäre nicht das erste Mal, daß bei diesem aufregenden Thema eine Frau schwach wird.

Saucen für die Pasta-Party

... die auch noch schmecken, wenn sie einige Zeit warm gehalten werden

Warme Saucen:

- Tomatensauce, »die reine Sommerfreude« (S. 16)
- Sauce der schönen Gärtnerin (S. 18)
- Steinpilz-Sugo (S. 24)
- Paprika, geröstete Zwiebeln und Räucherkäse (Käse extra reichen) (S. 28)
- Die einfachste Tomatencremesauce (S. 67)
- Paprika und Walnußsauce (S. 69)
- Paprikacreme (S. 77)

Ideal sind auch Pesto und kalte Saucen:

- Kräuter-Mandel-Pesto (S. 61)
- Pikanter Tomaten-Paprika-Pesto (S. 62)
- Kalte Tomatensauce (S. 64)

Dazu verschiedene Schälchen mit:

- Geriebenem Parmesan
- Mozzarella, Räucherkäse, Schafskäse (alles in kleine Würfel geschnitten)
- Pinienkerne, Walnüsse, Mandelsplitter
- Oliven, Kapern
- Basilikum, Petersilie, Oregano, Minze, Peperoni (alles fein gehackt)
- Frühlingszwiebeln (feine Ringe)

Tomatensauce, »die reine Sommerfreude«

Für 4–6 Personen

1 kg reife Tomaten, abgezogen, Stücke
60 g Butter
2 EL Olivenöl
2 Knoblauchzehen,
1 Zwiebel, fein gehackt
Salz
Pfeffer

Schlicht und einfach gut. Manche Gäste vertilgen diese Sauce löffelweise – ganz ohne Pasta. Nutzen Sie darum den Tomatensommer und kochen Sie eine größere Portion – zum sofortigen Verzehr und zum Einfrieren. Ganz nach Kräuterbeet, Lust, Laune und Appetit wird dieses Saucenvergnügen mit frischem Basilikum, Oregano oder Thymian aromatisiert.

1. Tomaten in einen Topf mit dickem Boden geben. Butter, Öl, Knoblauch und Zwiebeln hinzufügen.

2. Die Tomaten im offenen Topf bei schwacher Hitze in 30 Minuten zu einer dicken Sauce köcheln, ab und zu umrühren. Sauce mit Salz und Pfeffer abschmecken.

3. Wenn Sie eine glatte Sauce zur Pasta bevorzugen: Tomaten im Mixer oder mit dem Mixstab pürieren und durch ein Sieb streichen.

Mein Tip: Mit dieser Grundsauce können Sie alle Sommergemüse kombinieren. Zucchini z. B. werden in sehr kleine Würfel geschnitten und in Olivenöl ganz kurz angebraten (sie dürfen nicht glasig werden) und unter die Sauce gemischt. Geeignet sind auch gebratene, sehr feine Paprikastreifen oder kleine Auberginenwürfel.

Die Sauce der schönen Gärtnerin

Für 4 Personen

2 EL Olivenöl
1 Zwiebel, fein gehackt
3 Knoblauchzehen, fein gehackt
100 g Karotten, sehr kleine Würfel
2 Stiele Stangensellerie, sehr kleine Würfel
1 rote Paprikaschote, sehr kleine Würfel
Salz
700 g Tomaten, abgezogen, Stücke
1/2 TL Oregano
Pfeffer
2 EL Basilikum, fein geschnitten

Karotten, Stangensellerie und Paprika werden in sehr kleine Würfel geschnitten, angebraten und mit Tomaten zu einer sämigen Sauce eingekocht. Damit ohne viel Aufwand Abwechslung in die Pasta-Küche kommt, können Sie die heißen Nudeln auch zuerst mit Gorgonzolastückchen und dann mit dem Gärtnerinnen-Sugo vermischen.

1. Olivenöl in einer Pfanne erhitzen. Zwiebel darin in 7 Minuten goldgelb braten, ab und zu umrühren. Knoblauch dazugeben, kurz unter Rühren mitbraten.

2. Karotten, Sellerie und Paprika hinzufügen, leicht salzen, unter Rühren 4 Minuten braten. Tomaten zugeben, mit Oregano würzen, alles gut vermischen.

3. Das Gemüse ohne Deckel in 15 Minuten zu einer dicken Sauce einköcheln.

4. Die Sauce mit Salz und Pfeffer abschmecken. Vom Herd nehmen, Basilikum untermischen.

Spaghetti mit pikanter Tomaten-Knoblauch-Sauce

1 Person

100 g Spaghetti
Salz
1 große, reife Tomate, Stücke
$^1/_4$ TL Chili, fein gehackt
$^1/_4$ TL Thymian
2 EL Olivenöl
2 Knoblauchzehen, fein gehackt
1–2 EL Parmesan, frisch gerieben

Schneller geht's kaum noch, und es schmeckt einfach wunderbar! Doch reiben Sie den Parmesan frisch! Abgepackter, geriebener Parmesankäse schmeckt oft ziemlich rauh und säuerlich. Sie können damit das schönste Pastagericht ruinieren. Die kleine Mühe, den Parmesan erst kurz vor oder beim Essen zu reiben, lohnt sich also. Ist der Parmesan frisch gerieben, schmecken die Nudeln übrigens auch nur mit Käse und Butter.

1. Spaghetti in reichlich Salzwasser al dente kochen.

2. Tomate mit dem Mixstab fein pürieren, durch ein Sieb streichen. Tomatenpüree in einem kleinen Topf zum Kochen bringen, mit Chili und Thymian würzen, mit Salz abschmecken. In 5 Minuten zu einer dicken Sauce einköcheln.

3. Olivenöl in einer kleinen Pfanne erhitzen. Darin Knoblauch unter Rühren kurz anbraten. Der Knoblauch darf nicht braun werden, sonst schmeckt er bitter.

4. Spaghetti abgießen, gut abtropfen lassen. In einer vorgewärmten Schüssel die Nudeln mit dem Knoblauchöl, Parmesan und Tomatensauce vermischen.

Spaghettini mit geschmolzenen Tomaten und Basilikumbutter

Für 2–3 Personen

Basilikumbutter:
3 EL Basilikum, fein gehackt
50 g weiche Butter, kleine Stücke
1-2 Knoblauchzehen, fein gehackt
Salz
schwarzer Pfeffer

Pasta:
200 g Spaghettini

Sauce:
2 EL Olivenöl
500 g Tomaten, abgezogen, große Schnitze
Salz
Pfeffer
80 g Parmesan, fein gerieben

Die aromatischen Paradiesäpfel werden nicht zerkocht, sondern nur erhitzt. Wichtigste Voraussetzung für das Gelingen: reife Tomaten.

Basilikumbutter:
Basilikum, Butter, Knoblauch sowie Salz und Pfeffer vermischen und kalt stellen.

Pasta:
Spaghettini in reichlich Salzwasser al dente kochen.

Sauce:

1. Olivenöl in einer großen Pfanne erhitzen. Tomatenschnitze hinzufügen, salzen und pfeffern. Tomaten vorsichtig umrühren, damit sie nicht zerfallen.

2. Wenn die Tomatenschnitze durch und durch heiß sind, mit einem Schaumlöffel aus der Pfanne heben. Den Tomatensaft unter Rühren etwas einkochen.

3. Tomaten zurück in die Pfanne geben. In einer großen, vorgewärmten Schüssel die Nudeln zuerst mit der Basilikum-Butter und der Hälfte des Parmesans, dann mit den Tomaten vermischen. Den restlichen Käse dazu reichen.

Steinpilz-Sugo

Für 4 Personen

50 g getrocknete Steinpilze
1 EL Olivenöl
2 EL Butter
1 Zwiebel, fein gehackt
2 Knoblauchzehen, fein gehackt
100 g Karotten, kleine Würfel
50 g Sellerie, kleine Würfel
800 g Tomaten, abgezogen, Stücke, oder geschälte Tomaten aus der Dose
Salz
$^1/_4$ TL Thymian
Pfeffer
300 g Tagliatelle
2 EL Petersilie, fein gehackt
100 g Parmesan, frisch gerieben

Ganz unerwartet stehen hungrige Gäste vor der Tür. Mit einem kleinen Vorrat getrockneter Steinpilze und geschälten Tomaten aus der Dose sind Sie jedem Besucheransturm gewachsen.

1. Steinpilze in 300 ml heißem Wasser 30 Minuten einweichen, abgießen, putzen, grob hacken (Einweichwasser durch eine Filtertüte gießen und für Suppe verwenden).

2. Olivenöl und Butter in einer großen Pfanne erhitzen. Zwiebeln und Knoblauch unter Rühren goldgelb braten. Karotten und Sellerie hinzufügen, kurz mitbraten. Tomaten und Pilze dazugeben, mit Salz Thymian und Pfeffer würzen. Die Tomaten in 15 Minuten zu einer dicken Sauce einkochen.

3. Nudeln in reichlich Salzwasser al dente kochen. In einer großen, vorgewärmten Schüssel die gut abgetropften Nudeln mit dem Pilzsugo vermischen, mit Petersilie bestreuen. Parmesan dazu reichen.

Mein Tip: Sie können das angebratene Gemüse auch mit einem Schuß trockenen Weißwein abschmecken. Dann aber den Sugo mit $^1/_2$ TL Honig verfeinern, damit er rund schmeckt.

Spaghetti mit Spinat und Oliven-Kräuter-Butter

Für 2–3 Personen

50 g weiche Butter, kleine Stücke
1 EL Olivenöl
2 Knoblauchzehen, fein gehackt
8 schwarze Oliven, fein gehackt
2 TL Kapern, fein gehackt
1 Frühlingszwiebel, sehr feine Ringe
1 TL Dijon-Senf
1/2 TL Zitronensaft
Salz
schwarzer Pfeffer
200 g Spaghetti
500 g frischer Spinat (oder
300 g tiefgekühlter Blattspinat)
80 g Parmesan, frisch gerieben

Ein praktisches, kinderleicht gekochtes Pastagericht: Tiefgekühlten Blattspinat, Butter, Oliven, Kapern und Senf haben Sie vorrätig. Frische Kräuter und Käse können variiert werden.

1. In einem tiefen Teller die Butter, Olivenöl, Knoblauch, Oliven, Kapern, Frühlingszwiebeln, Senf und Zitronensaft mit der Gabel gut verrühren. Die Paste kräftig mit Salz und Pfeffer abschmecken.

2. Spaghetti in reichlich kochendem Salzwasser al dente kochen.

3. Spinat verlesen, waschen und tropfnaß mit etwas Salz in einen Topf geben. Spinat zugedeckt bei starker Hitze in 3 Minuten zusammenfallen lassen. Spinat zum Abtropfen in ein Sieb geben, in mundgerechte Stücke schneiden.

4. In einer großen, vorgewärmten Schüssel die gut abgetropften Nudeln zuerst mit der Oliven-Kräuter-Butter, dann mit dem Spinat vermischen. Parmesan zu den Spaghetti reichen.

Penne mit Räucherkäse, Paprika und gerösteten Zwiebeln

Für 4 Personen

3 EL Olivenöl
2 Zwiebeln, halbiert, feine Scheiben
3 Knoblauchzehen, fein gehackt
1–2 Pfefferoni, fein gehackt
3 gelbe Paprika, feine Streifen
Salz
750 g Tomaten, abgezogen, Stücke, oder geschälte Tomaten aus der Dose
1/2 TL Oregano
1 Prise Koriander
300 g Penne
200 g Räucherkäse, kleine Stücke

Deftig, gerade recht für den großen Hunger! Naturgeräucherter Käse macht die Sauce herzhaft, und frische Pfefferoni sorgen für die richtige Schärfe im Hintergrund.

1. In einer großen Pfanne Olivenöl erhitzen. Die Zwiebeln darin bei mäßiger Hitze unter Rühren goldbraun braten. Knoblauch, Pfefferoni und Paprika dazugeben, leicht salzen, unter Rühren 3 Minuten braten.

2. Tomaten unterrühren, mit Thymian, Oregano und Koriander würzen, mit Salz abschmecken. Die Sauce 15 Minuten köcheln.

3. Nudeln in reichlich Salzwasser al dente kochen, abgießen, abtropfen lassen. In einer vorgewärmten Schüssel die Nudeln zuerst mit dem Käse, dann mit der Sauce vermischen.

Mein Tip: So kommt noch mehr Farbe auf den Teller: Garnieren Sie die Penne mit schwarzen Oliven und kleinen Minzeblättchen.

Sugo mit Ofengemüse

Für 4 Personen

4 EL Olivenöl
6 mittlere, feste Tomaten
300 g kleine Champignons, geputzt
400 g Auberginen, 1 cm dicke Längsscheiben
1 Karotte, 3 mm dünne Längsscheiben
Salz
1/2 TL Oregano
Pfeffer
2 Knoblauchzehen, fein gehackt
2 EL Basilikum, fein gehackt

Zur Abwechslung kommt das Gemüse für diese Sauce aus dem Ofen. Durch das Backen wird den Auberginen, Zucchini, Champignons und Karotten Flüssigkeit entzogen. So kann sich ein besonders intensives Aroma entwickeln. Auch Gemüse vom Grill ist in höchstem Maße pastageeignet.

1. Ein großes Backblech mit 1 Eßlöffel Olivenöl bestreichen. Tomaten am Stielansatz über Kreuz leicht einschneiden. Tomaten, Champignons, Auberginen- und Karottenscheiben nebeneinander auf das Backblech legen. Auberginen und Karotten leicht salzen, mit 1/2 Eßlöffel Olivenöl beträufeln.

2. Das Gemüse 20 Minuten im vorgeheizten Ofen bei mittlerer Hitze backen. Auberginen- und Karottenscheiben nach 10 Minuten umdrehen. Backblech nochmals mit etwas Öl bestreichen.

3. Die gebackenen Auberginen und Karotten in mundgerechte Stücke schneiden, Champignons halbieren. Tomaten mit 2 Eßlöffel Olivenöl im Mixer oder mit dem Mixstab fein pürieren, durch ein Sieb streichen.

4. Tomatensauce in einer Pfanne zum Kochen bringen, etwas einkochen, mit Oregano würzen. Die gebackenen Gemüse hinzufügen, nochmals kurz erhitzen. Die Sauce mit Salz und Pfeffer abschmecken, mit Basilikum vermischen. Zu Penne reichen.

Rigatoni mit Zucchini, Schafskäse, Oliven und Kapern

Für 3–4 Personen

250 g Rigatoni
Salz
3 EL Olivenöl
2 Knoblauchzehen, gehackt
600 g Zucchini, 2 mm dünne Scheiben
schwarzer Pfeffer
50 g schwarze Oliven, entsteint
2 TL Kapern
200 g Schafskäse (Feta), sehr kleine Stücke
1 TL Minze, fein gehackt
1 EL Basilikum, fein gehackt
1 EL Petersilie, fein gehackt
1 Frühlingszwiebel, feine Ringe

Damit dieses Pasta-Vergnügen perfekt auf den Tisch kommt, müssen die Zucchini noch knackig und frisch sein. Darum die sehr dünn geschnittenen Zucchini nur anbraten, bis sie sich in der Mitte glasig verfärben, und dann sofort vom Herd nehmen. Die frischen Kräuter können durch tiefgekühlte italienische Kräuter ersetzt werden.

1. Rigatoni in reichlich Salzwasser al dente kochen.

2. Kurz bevor die Nudeln fertig sind, das Olivenöl in einer großen Pfanne oder einem Wok erhitzen. Knoblauch dazugeben, kurz anbraten (Knoblauch darf nicht braun werden). Zucchini hinzufügen. Zucchini bei starker Hitze unter Rühren braten, bis sie sich in der Mitte glasig verfärben. Zucchini sofort vom Herd nehmen, salzen und pfeffern. Oliven und Kapern untermischen.

3. In einer großen, vorgewärmten Schüssel die gut abgetropften Nudeln mit Zucchini, Schafskäse, Kräutern und Frühlingszwiebeln vermischen.

Tagliatelle mit Spinat und gratiniertem Ziegenkäse

Für 2–3 Personen

500 g Spinat (oder 300 g tiefgekühlter Blattspinat)
3 Tomaten
Salz
200 Tagliatelle
3 EL Olivenöl
3 Knoblauchzehen, fein gehackt
1/4 TL Thymian
1 Prise Muskat
200 g Ziegen-Camembert, 1,5 cm dicke Scheiben
schwarzer Pfeffer
1 Paket tiefgekühlte italienische Kräuter

Hier ist das richtige Timing entscheidend für den Erfolg: Der Käse wird erst drei Minuten bevor die Nudeln fertig sind in den Backofen geschoben.

1. Den gewaschenen, nassen Spinat mit etwas Salz in einen Topf geben, zugedeckt bei starker Hitze in 2–3 Minuten zusammenfallen und in einem Sieb abtropfen lassen. Tiefgekühlten Spinat in einem Siebeinsatz über Wasserdampf auftauen. Spinat in mundgerechte Stücke schneiden.

2. Tomaten 2 Minuten in leicht kochendes Wasser legen, abgießen, enthäuten, in kleine Würfel schneiden.

3. Tagliatelle in reichlich Salzwasser al dente kochen.

4. Olivenöl in einer großen Pfanne erhitzen. Knoblauch darin kurz anbraten. Spinat dazugeben, unter Rühren kurz erhitzen, leicht salzen, mit Thymian und Muskat würzen.

5. Käsescheiben auf ein Backblech legen, im Ofen bei starker Oberhitze 3 Minuten gratinieren, bis der Käse am Rand zu schmelzen beginnt.

6. In einer großen, vorgewärmten Schüssel die gut abgetropften Nudeln mit Spinat, Tomaten, Oliven, schwarzem Pfeffer und Kräutern vermischen. Ziegenkäse auf die Nudeln geben, sofort servieren.

Gemüseragout »Sabrina« mit Stangensellerie, Fenchel, Karotten und Champignons

Für 4 Personen

3 EL Olivenöl
1 Zwiebel, halbiert, feine Scheiben
3 Knoblauchzehen, dünne Scheiben
100 g Karotten, halbiert,
1/2 cm dicke Scheiben
1 kleine Fenchelknolle (200 g),
1/2 cm dicke Streifen
2 Stiele Stangensellerie,
1/2 cm dicke Scheiben
Salz
200 g Champigons, geputzt, geviertelt
600 g Tomaten, abgezogen, Stücke
1/2 TL Oregano
1/2 TL Thymian
1 Nelke
schwarzer Pfeffer

Das A und O der Gemüseküche ist der richtige »Biß«. Damit der feine Eigengeschmack erhalten bleibt, dürfen Fenchel, Karotten, Stangensellerie und Champignons nicht zu weich werden.

1. Olivenöl in einer großen Pfanne oder im Wok erhitzen. Darin Zwiebeln und Knoblauch bei schwacher Hitze weich und goldgelb braten, öfter umrühren.

2. Karotten, Fenchel und Sellerie hinzufügen, salzen, unter Rühren 5 Minuten braten. Champignons dazugeben, unter Rühren 1 Minute braten. 2 Eßlöffel Wasser an das Gemüse gießen, zugedeckt 5 Minuten bei schwacher Hitze dünsten.

3. Tomaten hinzufügen, mit Oregano, Thymian, Nelke und Pfeffer würzen und in 10 Minuten zu einer Sauce einkochen. Mit Salz abschmecken.

4. Gemüseragout zu kurzen Nudeln reichen.

Nudeln mit Kraut und Paprika

Für 4 Personen

1 EL Öl
2 EL Butter
2 Zwiebeln, halbiert, feine Scheiben
1 rote Chilischote, fein gehackt
1 rote Paprikaschote, sehr feine Streifen
700 g junges Weißkraut, sehr feine Streifen
Salz 1 Teel. Senf
300 g Farfalle

Ein ungarisch-österreichisches Gericht aus der Zeit der Monarchie, als die Habsburger in vielen Ländern Europas unter die Haube kamen und als köstliche Folge davon die verschiedensten Eßkulturen unter einen Hut brachten.

1. Öl und Butter in einem flachen Topf mit dickem Boden erhitzen. Zwiebeln darin in 10 Minuten bei schwacher Hitze goldgelb dünsten, dann unter Rühren goldbraun braten.

2. Chili und Paprika dazugeben, unter Rühren 3 Minuten mitbraten. Weißkraut hinzufügen, mit Salz würzen, unter Rühren kurz anbraten und danach zugedeckt 20 Minuten dünsten.

3. Nudeln in reichlich Salzwasser al dente kochen.

4. In einer großen, vorgewärmten Schüssel die gut abgetropften Nudeln mit dem Kraut vermischen. Zu diesem Gericht wird kein Käse gegessen.

Mein Tip: Dazu einen klassischen Gurkensalat nach Wiener Art, mit viel Knoblauch in der Essig-Öl-Marinade.

Fusilli mit Brokkoli, roten Paprika und Gorgonzola

Für 4 Personen

3 rote Paprikaschoten
600 g Brokkoli, sehr kleine Röschen
3 EL Olivenöl
3 Knoblauchzehen, fein gehackt
300 g Fusilli
Salz
250 g Gorgonzola, kleine Stücke
1 EL Petersilie, fein gehackt
2 Frühlingszwiebeln, feine Ringe
schwarzer Pfeffer

Die ganzen Paprika werden im Ofen weich gebacken, abgezogen und in feine Streifen geschnitten. Die Brokkoliröschen über Wasserdampf gegart. Die beiden Gemüse treffen dann in der Pfanne zusammen, kurz und kräftig im Knoblauchöl gebraten.

1. Die ganzen Paprikaschoten auf dem Rost im Backofen bei mittlerer Hitze 20 Minuten backen, bis sich die Haut schwarzbraun verfärbt und Blasen wirft. Schoten über einer Schüssel leicht anstechen, den Saft auffangen. Stiel und Kerne entfernen, die Haut abziehen. Paprikafleisch in feine Streifen schneiden.

2. Brokkoli zugedeckt in einem Siebeinsatz über Wasserdampf in 8 Minuten bißfest garen.

3. Die Nudeln in reichlich Salzwasser al dente kochen.

4. Olivenöl in einer großen Pfanne erhitzen, Knoblauch kurz unter Rühren anbraten. Brokkoli und Paprika dazugeben, salzen, unter Rühren 2 Minuten braten. Mit dem Paprikasaft aufgießen, kurz aufkochen.

5. In einer großen, vorgewärmten Schüssel die gut abgetropften Nudeln zuerst mit dem Käse, dann mit Gemüse, Petersilie und Frühlingszwiebeln vermischen. Nudeln mit Salz und Pfeffer abschmecken.

Farfalle »Rot, weiß, grün« mit Tomaten, Erbsen und Hüttenkäse

Für 4 Personen

3 EL Olivenöl
1 Zwiebel, fein gehackt
3 Knoblauchzehen, fein gehackt
2 grüne Paprikaschoten, feine Streifen
Salz
800 g Tomaten, abgezogen, Stücke oder geschälte Tomaten aus der Dose
1/2 TL Oregano
1/4 TL gemahlener Koriander
1 Prise Piment
300 g Farfalle
150 g tiefgekühlte junge Erbsen
200 g Hüttenkäse
1 Frühlingsgzwiebel, feine Ringe
2 EL Petersilie, fein gehackt
roter Pfeffer, frisch gemahlen

Eine echte Multi-Kulti-Speise: Das Pastagericht in den italienischen Farben wird im chinesischen Wok gebraten und mit amerikanischem Hüttenkäse verfeinert.

1. Öl in einer Pfanne oder einem Wok erhitzen. Zwiebeln und Knoblauch unter Rühren goldgelb braten. Paprika dazugeben, salzen, unter Rühren 4 Minuten braten.

2. Tomaten dazugeben, mit Oregano, Koriander und Piment würzen. Das Gemüse in 10 Minuten zu einer dicken Sauce einkochen.

3. Nudeln in reichlich Salzwasser al dente kochen.

4. Erbsen in die Tomatensauce rühren, die Sauce noch 3 Minuten köcheln.

5. In einer großen, vorgewärmten Schüssel die gut abgetropften Nudeln zuerst mit der Sauce, dann mit Hüttenkäse, Frühlingszwiebeln und Petersilie vermischen. Kräftig mit rotem Pfeffer abschmecken.

Spiralnudeln mit Tomaten, Frühlingszwiebeln und Gorgonzola

Für 2–3 Personen

400 g Tomaten, abgezogen, Stücke
1 EL Butter
1/2 TL Basilikum
Salz
200 g Spiralnudeln
1 EL Olivenöl
6 Frühlingszwiebeln, dünne Ringe
Muskat
100 g Gorgonzola, Stücke
1–2 TL eingelegter grüner Pfeffer

Für diese sanfte Tomatensauce werden Tomaten nur mit etwas Butter und Basilikum geköchelt. Milde, kurzgebratene Frühlingszwiebeln treten diesmal als Gemüse auf, und grüner Pfeffer bringt Pepp an die Nudeln.

1. Tomaten, 1/2 Eßlöffel Butter und Basilikum in einem flachen Topf mit dickem Boden in ca. 10 Minuten zu einer Sauce einkochen. Die Sauce mit Salz abschmecken.

2. Nudeln in reichlich kochendem Salzwasser al dente kochen.

3. Restliche Butter und Olivenöl in einer Pfanne erhitzen. Frühlingszwiebeln darin unter Rühren 3 Minuten anbraten, mit Salz und Muskat würzen.

4. In einer großen, vorgewärmten Schüssel die gut abgetropften Nudeln zuerst mit Gorgonzola, dann mit Tomatensauce, Frühlingszwiebeln und grünem Pfeffer vermischen.

Pennini mit grünen Bohnen, Paprika und Tomaten

Für 4 Personen

300 g grüne Bohnen, 3 cm lange Stücke (oder tiefgekühlte Bohnen)
1 Zwiebel, halbiert, feine Scheiben
3 Knoblauchzehen, fein gehackt
2 gelbe Paprikaschoten, kleine Würfel
Salz
750 g Tomaten, abgezogen, Stücke, oder geschälte Tomaten aus der Dose
1 TL Oregano
1 TL Thymian
300 g Pennini
2 EL Basilikum, fein geschnitten
100 g Parmesan, frisch gerieben

Pennini, die schlanke Ausgabe der stabilen Penne, vertragen sich mit dieser bunten, herzhaften Gemüsemischung. Tiefgekühlte grüne Bohnen helfen Zeit sparen.

1. Bohnen zugedeckt in einem Siebeinsatz über Wasserdampf in 8–10 Minuten bißfest garen (tiefgekühlte Bohnen werden nicht vorbehandelt).

2. In einer großen Pfanne das Öl erhitzen. Zwiebeln und Knoblauch darin goldgelb braten. Paprika dazugeben, salzen, unter Rühren 2 Minuten braten. Paprika zugedeckt bei schwacher Hitze 5 Minuten im eigenen Saft dünsten.

3. Tomaten in die Pfanne geben, alles gut vermischen, mit Oregano und Thymian würzen. Tomaten in 10 Minuten zu einer dicken Sauce einkochen.

4. Nudeln in reichlich Salzwasser al dente kochen. Bohnen in die Sauce rühren, 3 Minuten köcheln (tiefgekühlte Bohnen ca. 6 Minuten).

5. In einer großen, vorgewärmten Schüssel die gut abgetropften Nudeln mit Gemüse und Basilikum vermischen. Den Käse dazu reichen.

Penne mit Spinat und Omelettstreifen

Für 2–3 Personen

2 Eier
Salz
Pfeffer
2 EL Butter
500 g Spinat (oder 300 g tiefgekühlter Blattspinat)
200 g Penne
2 EL Crème fraîche
2 Frühlingszwiebeln, feine Ringe
1 Prise Muskat
80 g mittelalter Gouda, fein gerieben
2 EL Petersilie, fein gehackt

Die beliebte Kombination Spinat und Ei begegnet uns hier als grüngelb gestreiftes Nudelgericht.

1. Eier mit Salz und Pfeffer verquirlen. 1/2 Eßlöffel Butter in einer kleinen Pfanne erhitzen. Eier in die Pfanne gießen, verteilen und stocken lassen. Omelette wenden und kurz auf der anderen Seite goldgelb braten. Omelette in 1/2 cm breite Streifen schneiden.

2. Spinat verlesen und tropfnaß mit etwas Salz in einen großen Topf geben, zugedeckt bei starker Hitze in 3 Minuten zusammenfallen und in einem Sieb abtropfen lassen. Spinat in Streifen schneiden (tiefgefrorenen Spinat über Wasserdampf auftauen, in mundgerechte Stücke schneiden).

3. Penne in reichlich Salzwasser al dente kochen. Crème fraîche mit 2 Eßlöffel Kochwasser verrühren.

4. In einer großen Pfanne die restliche Butter schmelzen. Frühlingszwiebeln darin kurz anbraten. Spinat dazugeben, mit Muskat würzen, leicht salzen, unter Rühren erhitzen.

5. In einer großen, vorgewärmten Schüssel die gut abgetropften Nudeln mit Crème fraîche, Spinat, Omelettestreifen, Käse und Petersilie vermischen. Mit Pfeffer würzen, mit Salz abschmecken.

Lasagne mit Ricotta, Spinat, Pilzen und Tomaten

Für 6–8 Personen

4 EL Olivenöl
2 Zwiebeln, fein gehackt
4 Knoblauchzehen, fein gehackt
1000 g geschälte Tomaten aus der Dose, Stücke
1/2 TL Thymian
1 TL Oregano
1 TL Basilikum
Salz
Pfeffer
600 g Champignons, dünne Scheiben
600 g tiefgekühlter Blattspinat
300 g Ricotta
1 Ei
200 g Parmesan
1 gute Prise Muskat
3 EL Butter
400 g Lasagneblätter (ungekocht)
200 ml Sahne

1. Drei Eßlöffel Öl in einer großen Pfanne erhitzen, Zwiebel und Knoblauch darin unter Rühren goldgelb braten. Tomaten, Thymian, Oregano und Basilikum dazugeben, in 15 Minuten zu einer dicken Sauce einkochen, ab und zu umrühren. Die Sauce mit Salz und Pfeffer abschmecken.

2. Ein Eßlöffel Öl in einer großen Pfanne erhitzen. Champignons bei guter Hitze 3 Minuten unter Rühren braten. Mit Salz und Pfeffer abschmecken.

3. Aufgetauten Spinat in mundgerechte Stücke schneiden, mit Ricotta, Ei und 50 g Parmesan vermischen. Mit Muskat, Pfeffer und Salz kräftig abschmecken.

4. Eine große Auflaufform mit 1/2 Eßlöffel Butter ausstreichen. Etwas Tomatensauce auf den Boden streichen. Eine Schicht Lasagneblätter darauf legen. Pilze darauf verteilen, mit Tomatensauce bestreichen, mit Käse bestreuen und mit einer Schicht Lasagneblätter bedecken. Darauf Spinatfüllung verteilen, mit wenig Sahne beträufeln, mit Lasagneblätter bedecken.
In dieser Reihenfolge fortfahren. Auf die obersten Lasagneblätter die restliche Tomatensauce streichen, mit der restlichen Sahne begießen und mit restlichem Käse und Butterflocken bestreuen.

5. Die Lasagne im vorgeheizten Ofen ca. 40 Minuten bei 200 °C backen.

Sizilianische Lasagne

Für 6–8 Personen

4 EL Olivenöl
1 kg Auberginen, 1 cm dicke Scheiben
Salz
1 Zwiebel, fein gehackt
3 Knoblauchzehen, fein gehackt
1 kg geschälte Tomaten aus der Dose, Stücke
1/2 TL Thymian
1/2 TL Oregano
1/2 TL Basilikum
Pfeffer
200 g Frischkäse
200 g Hüttenkäse
3 EL Sahne
1 Ei
3 EL Petersilie, fein gehackt
abgeriebene Schale von 1/4 unbehandelter Zitrone
1 gute Prise Muskat
2 EL Butter
400 g Lasagneblätter (ungekocht)
200 g Parmesan, frisch gerieben

1. Ein großes Backblech mit 1 Eßlöffel Öl bestreichen. Die Auberginenscheiben auf das Blech legen, leicht salzen, mit 2 Eßlöffel Öl beträufeln. Auberginen im vorgeheizten Ofen bei mittlerer Hitze insgesamt 20 Minuten backen. Nach 10 Minuten einmal umdrehen, wenn nötig Backblech mit etwas Öl bestreichen.

2. Zwei Eßlöffel Öl in einer großen Pfanne erhitzen. Zwiebeln und Knoblauch darin bei schwacher Hitze goldgelb braten. Tomaten unterrühren, mit Thymian, Oregano und Basilikum würzen. Die Tomaten in 20 Minuten zu einer dicken Sauce einkochen, mit Salz und Pfeffer abschmecken.

3. Frischkäse, Hüttenkäse, Sahne, Ei und Petersilie verrühren, die Masse mit Zitronenschale, Muskat, Salz und Pfeffer würzen.

4. Eine große feuerfeste Form mit 1/2 Eßlöffel Butter ausstreichen. Etwas Tomatensauce auf dem Boden verteilen. Eine Lage Lasagneblätter darauf geben, mit Tomatensauce bestreichen. Auberginenscheiben darauflegen, mit etwas Parmesan bestreuen. Eine Schicht Lasagneblätter darauf legen, mit Käsecreme bestreichen, mit Parmesan bestreuen. In dieser Reihenfolge fortfahren. Die obersten Lagsagneblätter mit dem Rest der Tomatensauce und der Käsecreme bestreichen, mit Parmesan und Butterflöckchen bestreuen. Im vorgeheizten Ofen bei 200 °C ca. 30 Minuten backen.

Lasagne mit Kräuterpesto, Gemüse und Gorgonzola

Für 4 Personen

400 g hausgemachte Lasagneblätter (Rezept Nudelteig S. 11)
oder 250 g fertig gekaufte Lasagne
Salz
1/2 Rezept Kräuter-Mandel-Pesto (S. 61)
80 g Parmesan, frisch gerieben
1/2 Rezept Tomaten-Gemüse-Sugo (S. 18)
200 g Gorgonzola, sehr kleine Stücke
2 EL Petersilie, fein gehackt

In Italien werden die Lasagneblätter oft nur gekocht, und portionsweise mit Füllung übereinandergetürmt. Die Methode ist gut geeignet, um Saucen- und Käsereste in ein attraktives Gericht zu verwandeln.

1. Lasagneblätter in reichlich Salzwasser al dente kochen.

2. Die Lasagne portionsweise anrichten: Ein Lasagneblatt auf einen großen Teller legen. Mit etwas Kräuter-Mandel-Pesto bestreichen, wenig Parmesan darüberstreuen. Mit einem Lasagneblatt bedecken, darauf etwas heißen Sugo streichen, einige Stückchen Gorgonzola darauf verteilen. So fortfahren, bis alle Zutaten verbraucht sind; das oberste Lasagneblatt mit Parmesan und Petersilie bestreuen.

Mein Tip: Nach der gleichen Methode Austernpilz-Lasagne zubereiten: Mandelblättchen und Austernpilze in Butter braten. Abwechselnd Pilze mit Basilikum und Parmesan sowie die Tomatencremesauce (S. 67) auf die Nudelblätter geben.

Griechischer Nudelauflauf

Für 4 Personen

300 g tiefgekühlter Blattspinat
1 EL Olivenöl
2 Knoblauchzehen, fein gehackt
3 Frühlingszwiebeln, feine Ringe
3 EL Petersilie, fein gehackt
Salz
2 Eier
150 ml Sahne
2 EL Crème fraîche
1 gute Prise Muskat
1/2 TL Thymian
Pfeffer
1 1/2 EL Butter
500 g gekochte Pennini
200 g Schafskäse, kleine Stücke

Aus Griechenland kommen besonders üppige Nudelgerichte. Dieser Auflauf eignet sich auch zum Verarbeiten von Gemüse- und Käseresten. Der Blattspinat kann durch rohe Zucchinischeibchen ersetzt werden; statt Schafskäse schmeckt eine Mischung aus Raclette und Räucherkäse.

1. Angetauten Spinat in mundgerechte Stücke schneiden. Öl in einer Pfanne erhitzen. Knoblauch und Frühlingszwiebeln darin unter Rühren kurz anbraten. Spinat und Petersilie hinzufügen, salzen, kurz andünsten.

2. Eier, Sahne und Crème fraîche verrühren, mit Muskat, Thymian, Salz und Pfeffer würzen.

3. Eine Auflaufform mit 1/2 Eßlöffel Butter ausstreichen.

4. Eine Schicht Nudeln in die Form geben. Darauf Spinat und etwas Schafskäse verteilen, in dieser Reihenfolge fortfahren, bis alle Zutaten verbraucht sind. Mit Nudeln abschließen. Die Sahnemischung über den Auflauf gießen, Butterflöckchen darauf verteilen.

5. Den Auflauf im vorgeheizten Ofen bei 200 °C 20 Minuten backen.

Maccaroni de la Nonna

Für 4 Personen

2 EL Olivenöl
1 Zwiebel, fein gehackt
3 Knoblauchzehen, fein gehackt
500 g geschälte Tomaten aus der Dose, Stücke
1/2 TL Thymian
1/2 TL Oregano
1/2 TL Basilikum
Salz
Pfeffer
1 EL Butter
500 g gekochte, kurze Maccaroni
100 g Emmentaler, fein gerieben
100 g Mozzarella, dünne Scheiben
150 ml Sahne
2 Eier
40 g Parmesan, frisch gerieben

Mit Tomatensugo und dreierlei Käse werden die Maccaroni nach Großmutter Art im Ofen überbacken. Auf diese Weise wird aus Nudelresten noch ein ernstzunehmendes Hauptgericht.

1. Olivenöl in einer Pfanne erhitzen. Zwiebeln und Knoblauch darin unter Rühren goldgelb braten. Tomaten, Thymian, Oregano und Basilikum dazugeben. In 10 Minuten zu einer dicken Sauce einkochen, salzen und pfeffern.

2. Eine Auflaufform mit etwas Butter ausstreichen. Eine Schicht Nudeln hineingeben. Etwas Tomatensauce auf den Nudeln verteilen, mit Emmentaler und Mozzarella bestreuen, in dieser Reihenfolge fortfahren, Auflauf mit Nudeln abschließen.

3. Sahne und Eier glattrühren, über die Nudeln gießen. Auflauf mit Parmesan und Butterflöckchen bestreuen, im vorgeheizten Ofen 30 Minuten bei 200 °C backen.

Mein Tip: Lust auf Gemüse? Gedämpfte Brokkoliröschen oder gebratene Auberginen mit dem Käse auf die Nudeln geben.

Kräuter-Mandel-Pesto

Für 4 Personen

50 g Mandeln
8 EL Olivenöl
5 Knoblauchzehen, fein gehackt
4 EL Basilikum, fein gehackt
2 EL Petersilie, fein gehackt
2 TL Minze, fein gehackt
1 TL Oregano, fein gehackt
50 g Parmesan, frisch gerieben
Salz
schwarzer Pfeffer
300 g Spaghetti

Einmal quer durchs Kräuterbeet spaziert und links und rechts ein Blättchen gezupft. Damit der Knoblauch keinen zu scharfen Geschmack entwickelt und das zarte Aroma der Kräuter erhalten bleibt, zuerst nur die Mandeln mit dem Olivenöl im Mixer fein pürieren, dann mit dem Handrührgerät die restlichen, kleingehackten Zutaten untermischen. Pesto hält sich im Kühlschrank einige Tage.

1. Im Mixer Mandeln und Olivenöl zu einer feinen Paste pürieren. Die Paste in eine hohe Rührschüssel geben. Knoblauch, Kräuter und Parmesan mit dem Handrührgerät unterrühren. Pesto mit Salz und Pfeffer abschmecken.

2. Nudeln in reichlich Salzwasser al dente kochen. Pesto mit 3 Eßlöffel Kochwasser glatt rühren. In einer großen, vorgewärmten Schüssel die gut abgetropften Nudeln mit Pesto vermischen. Nudeln mit Salz und Pfeffer abschmecken.

Mein Tip: Junge grüne Bohnen in mundgerechte Stücke, Kartoffeln in sehr kleine Würfel schneiden und über Wasserdampf al dente garen. Nudeln mit Gemüse und dem Pesto vermischen.

Pikanter Tomaten-Paprika-Pesto

Für 4 Personen

1 rote Paprikaschote
2 kleine Tomaten
30 g Pinienkerne
5 EL Olivenöl
2 Knoblauchzehen, fein gehackt
70 g Parmesan, gerieben
1–2 rote Chilischoten, fein gehackt
Salz
300 g Spaghetti

Ein roter Pesto von feurigem Geschmack! Paprika und Tomaten kommen aus dem Backofen und werden mit Öl, Pinienkernen und Chili im Mixer fein püriert.

1. Paprika im Ofen auf dem Rost 20 Minuten backen, bis sich die Haut schwarzbraun verfärbt und Blasen wirft. Tomaten 15 Minuten in einer kleinen flachen Form ebenfalls im Ofen backen.

2. Paprika etwas abkühlen lassen, Stiel und Kerne entfernen, Haut abziehen. Tomaten abziehen, Kerne entfernen. Paprika, Tomaten und Pinienkerne im Mixer fein pürieren. Das Öl langsam dazugießen. Den Pesto in eine Schüssel gießen. Mit dem Handrührgerät Knoblauch und Parmesan unterrühren, mit Chili und Salz abschmecken.

3. Die Spaghetti mit reichlich Salzwasser al dente kochen. In einer großen, vorgewärmten Schüssel die gut abgetropften Nudeln mit dem Pesto verrühren.

Mein Tip: Dieser Pesto schmeckt auch zu gegrilltem Gemüse, zu Auberginen, Pilzen, Zucchini. Eine pikante Aufmunterung für Kartoffeln aus der Folie und zu über der Glut geröstetem Brot.

Spaghetti mit kalter Tomatensauce

Für 4 Personen

500 g reife Tomaten
4 Knoblauchzehen, fein gehackt
1 Bund Basilikum, fein geschnitten
4 EL Olivenöl
Salz
Pfeffer
300 g Spaghetti
250 g Mozzarella, kleine Würfel

Tomaten, Basilikum, Knoblauch und Olivenöl – die klassischen Grundzutaten der italienischen Pasta-Küche, diesmal kalt vermischt. Diese blitzschnell zubereitete Sauce gelingt aber nur mit vollreifen Sommertomaten.

1. Tomaten kurz in kochendes Wasser legen, abgießen, Haut abziehen, Kerne entfernen, die Früchte in sehr kleine Würfel schneiden.

2. Tomaten mit Knoblauch, Basilikum und Olivenöl vermischen. Die Sauce mit Salz und Pfeffer abschmecken.

3. Spaghetti in reichlich Salzwasser al dente kochen. In einer großen, vorgewärmten Schüssel die gut abgetropften Nudeln zuerst mit den Mozzarellawürfeln, dann mit der Tomatensauce vermischen.

Mein Tip: Dazu Blattsalate und zart geschnittener junger Fenchel. Die Vinaigrette dafür wird mit feinst gehackter Zitronenschale und Estragon gewürzt. Salat portionsweise anrichten, darüber in Butter und Olivenöl knusprig geröstete Brotwürfel streuen.

Die einfachste Tomatencremesauce

Für 4 Personen

800 g reife Tomaten, abgezogen, Stücke
2 EL Butter
1 Zwiebel, fein gehackt
Salz
Pfeffer
3 EL Mascarpone oder Crème fraîche
3 EL Basilikum, fein geschnitten

Paßt zu jeder Pasta, auch zu Ravioli und Tortellini.

1. Tomaten, Butter und Zwiebeln in einem Topf mit dickem Boden in ca. 20 Minuten zu einer dicken Sauce einkochen.

2. Die Sauce durch ein Sieb streichen und dann zurück in den Topf gießen. Mascarpone oder Crème fraîche unterrühren. Sauce mit Salz und Pfeffer abschmecken und noch einige Minuten köcheln lassen. Vom Herd nehmen und mit Basilikum bestreut servieren.

Mein Tip: Eignet sich auch zum Überbacken von Nudeln: Eine flache, eingefettete Auflaufform 2 cm dick mit gekochten Penne auslegen. Etwas Sauce über die Nudeln gießen. Nudeln mit Champignonscheiben und Paprikastreifen belegen, mit geriebenem Emmentaler und Butterflöckchen bestreuen. Im vorgeheizten Ofen bei 200 °C 12 Minuten überbacken.

Pasta mit Paprika und Walnußsauce

Für 4 Personen

100 g Walnüsse, gehackt
300 ml Gemüsebrühe
2 EL Crème fraîche
2 EL Butter
1 Zwiebel, fein gehackt
2 Knoblauchzehen, fein gehackt
1/2 TL Ingwer, fein gehackt
1/2 –1 Chilischote, fein gehackt
2 rote Paprikaschoten, feine Streifen
Salz
1 Prise Muskat
1 Prise Piment
abgeriebene Schale von
1/4 unbehandelter Zitrone
1/2 –1 TL Zitronensaft
300 g Penne
2 EL Basilikum, fein geschnitten

Für diese sämige und leicht pikant gewürzte Sauce werden geröstete Walnüsse mit Gemüsebrühe im Mixer fein püriert.

1. Die Walnüsse in einer trockenen Pfanne kurz unter Rühren anrösten. Die Hälfte der Walnüsse mit Gemüsebrühe und Crème fraîche im Mixer fein pürieren.

2. Butter in einem flachen Topf erhitzen. Zwiebeln und Knoblauch darin unter Rühren goldgelb braten. Ingwer, Chili und Paprika dazugeben, unter Rühren 4 Minuten braten, leicht salzen.

3. Gemüse mit der Walnußsauce aufgießen, mit Muskat, Piment und Zitronenschale würzen. Die Sauce in 5 Minuten etwas einkochen lassen, mit Salz und Zitronensaft abschmecken.

4. Nudeln in reichlich Salzwasser al dente kochen. In einer großen, vorgewärmten Schüssel die gut abgetropften Nudeln mit der Sauce vermischen und mit den restlichen Walnüssen und Basilikum bestreuen.

Rosarote Gorgonzolacreme mit Zucchiniwürfeln

Für 1 Person

100 g Spaghetti
Salz
200 g Tomaten, abgezogen, Stücke, oder geschälte Tomaten aus der Dose
1/4 TL Basilikum
1/4 TL Oregano
schwarzer Pfeffer
1 EL Olivenöl
2 Knoblauchzehen, fein gehackt
200 g Zucchini, sehr kleine Würfel
50 g Gorgonzola, kleine Stücke
1 EL Petersilie

So schnell wie diese Pasta fertig ist, kann kein Pizza-Service liefern. Und deutlich billiger ist sie auch.

1. Spaghetti in reichlich Salzwasser al dente kochen.

2. In der Kochzeit der Spaghetti die Sauce zubereiten: Tomaten in einem kleinen Topf zum Kochen bringen, mit Basilikum, Oregano, Pfeffer und Salz würzen. In wenigen Minuten zu einer dicken Sauce einkochen. Ab und zu umrühren.

3. Olivenöl in einer kleinen Pfanne erhitzen, Knoblauch kurz unter Rühren anbraten (Knoblauch darf nicht braun werden, sonst schmeckt er bitter). Zucchini dazugeben, unter Rühren 2 Minuten braten, leicht salzen.

4. In einer großen, vorgewärmten Schüssel die gut abgetropften Nudeln mit Gorgonzola und Tomatensauce gut vermischen. Einen Teil der Zucchiniwürfel unterheben. Spaghetti auf einem flachen Teller anrichten. Restliche Zucchiniwürfel und Petersilie darüberstreuen.

Pasta mit Wildpilzen

Für 4 Personen

2 EL Butter
1 Zwiebel, fein gehackt
800 g Pfifferlinge, Steinpilze oder eine Mischung aus Champignons und Austernpilzen, dünne Scheiben
Salz
200 ml Sahne
2 EL Crème fraîche
2 EL trockener Weißwein
300 g Tagliatelle
schwarzer Pfeffer, frisch gemahlen
2 EL Petersilie, fein gehackt
80 g Parmesan, frisch gerieben

Wenn Sie nicht der Typ sind, der im Morgengrauen durch neblige Wälder pirscht und unterm Laub nach Pilzen stöbert, versuchen Sie's auf dem Gemüsemarkt. Dort gibt es im Sommer und Herbst Pfifferlinge und Steinpilze körbeweise. Die Pasta gelingt auch mit zahmen Zuchtpilzen, mit einer Mischung aus Champignons und Austernpilzen.

1. Butter in einer Pfanne mit dickem Boden schmelzen. Zwiebeln darin unter Rühren goldgelb braten. Pilzscheiben hinzufügen, unter Rühren 4 Minuten braten, leicht salzen.

2. Pilze in ein Sieb abgießen. Den Pilzsaft auffangen. Pilzsaft in die Pfanne gießen, mit Sahne vermischen. Die Sauce etwas einkochen. Crème fraîche und Weißwein unterrühren, noch ca. 3 Minuten köcheln. Die Sauce soll sämig, cremig sein. Pilze zurück in die Sauce geben, kurz erhitzen.

3. Die Nudeln in reichlich kochendem Salzwasser al dente kochen. Die heißen, gut abgetropften Nudeln mit der Pilzsauce vermischen. Mit Pfeffer und Petersilie bestreuen. Parmesan zu den Nudeln reichen.

Penne mit grünem Spargel und Sahnecreme

Für 3–4 Personen

800 g grüner Spargel
200 ml Sahne
schwarzer Pfeffer
1 Prise Muskat
Salz
abgeriebene Schale einer unbehandelten Zitrone
1/2 TL Zitronensaft
300 g Penne
3 EL Basilikum, fein geschnitten
80 Parmesan, fein gerieben

Grüner Spargel spart Zeit und Arbeit, denn er muß nicht geschält werden. Nur die angetrockneten Schnittflächen werden gekappt.

1. Die Spargelenden abschneiden. Spargel in 4 cm lange Stücke schneiden, zugedeckt in einem Siebeinsatz über Wasserdampf in ca. 15 Minuten bißfest garen.

2. Sahne in einem kleinen Topf auf die Hälfte einkochen. Ein Drittel der Spargelstücke (nicht die Spitzen) mit der Sahne und 2–3 Eßlöffel Spargelkochwasser im Mixer oder mit dem Mixstab fein pürieren. Die Sauce durch ein Sieb streichen und kurz erhitzen. Die Sauce mit mit Pfeffer, Muskat, Salz, Zitronenschale und -saft würzen.

3. Penne in reichlich Salzwasser al dente kochen.

4. Spargelstücke zurück in die Sauce geben, nochmals kurz erhitzen. Sauce vom Herd nehmen, Basilikum unterrühren.

5. In einer großen, vorgewärmten Schüssel die gut abgetropften Nudeln mit der Spargelsauce vermischen. Käse dazu reichen.

Spaghetti mit Paprikacreme

Für 4 Personen

3 rote Paprikaschoten
2 EL Butter
1 Zwiebel, fein gehackt
2 Knoblauchzehen, fein gehackt
1 Prise Chilipulver
1 Prise Muskat
1/2 TL Koriander
4 EL Crème fraîche
Salz
Pfeffer
2 EL Basilikum, fein geschnitten
80 g Parmesan, fein gerieben
300 g Spaghetti

Die ganzen Paprikaschoten werden im Ofen gebacken, mit gebratenen Gewürzzwiebeln und Crème fraîche im Mixer püriert. Fertig!

1. Die ganzen Paprikaschoten auf dem Rost im Backofen bei mittlerer Hitze 20 Minuten backen, bis sich die Haut schwarzbraun verfärbt und Blasen wirft. Die Paprika in einer Plastiktüte etwas abkühlen lassen.

2. Währenddessen Butter in einem flachen Topf mit dickem Boden schmelzen. Zwiebeln und Knoblauch darin unter Rühren goldgelb braten. Chili, Muskat und Koriander hinzufügen, kurz unter Rühren anrösten, vom Herd nehmen.

3. Die Paprikaschoten über einer Schüssel leicht anstechen, den Paprikasaft auffangen und zu den Zwiebeln gießen. Stiel, Kerne und Scheidewände der Paprika entfernen, die Haut abziehen. Crème fraîche und Paprikafleisch im Mixer oder mit dem Mixstab fein pürieren, mit den gewürzten Zwiebeln vermischen.

4. Spaghetti in reichlich Salzwasser al dente kochen.

5. Die Paprikasauce nochmals kurz erhitzen, mit Salz und Pfeffer abschmecken, Basilikum unterrühren. Paprikasauce und Parmesan getrennt zu den Nudeln reichen.

Pasta mit Pilzen, Lauch und Spinat in Sahnesauce

Für 4 Personen

500 g Spinat (oder 300 g tiefgekühlter Blattspinat)
Salz
300 g Farfalle
2 EL Butter
300 g Champignons, geputzt, dünne Scheiben
300 g Lauch, längs halbiert, $\frac{1}{2}$ cm breite Streifen
abgeriebene Schale von $\frac{1}{4}$ unbehandelter Zitrone
1 Prise Muskat
2 EL Weißwein
200 ml Sahne
3 EL Crème fraîche
80 g Parmesan, gerieben
2 EL Petersilie, fein gehackt
schwarzer Pfeffer

Drei edle Gemüse in weinwürziger Cremesauce. Den Platz der soliden Zuchtchampignons können auch Steinpilze oder Pfifferlinge einnehmen. Besonders exquisit sind japanische Shiitake-Pilze.

1. Den gewaschenen, tropfnassen Spinat in einen großen Topf geben, leicht salzen. Zugedeckt bei starker Hitze in 2–3 Minuten zusammenfallen und in einem Sieb abtropfen lassen. Spinat in mundgerechte Stücke schneiden (tiefgekühlten Spinat in einem Siebeinsatz über Wasserdampf auftauen).

2. Farfalle in reichlich Salzwasser al dente kochen.

3. Butter in einer großen Pfanne mit dickem Boden schmelzen. Pilze und Lauch darin unter Rühren 3 Minuten braten, mit Zitronenschale und Muskat würzen, leicht salzen, mit Weißwein aufgießen. Zugedeckt 5 Minuten bei schwacher Hitze dünsten. Sahne hinzufügen, die Sauce etwas einkochen lassen. Spinat unterrühren, kurz erhitzen.

4. In einer großen, vorgewärmten Schüssel die gut abgetropften Nudeln zuerst mit Crème fraîche und der Hälfte des Parmesans, dann mit Gemüse und Petersilie vermischen. Mit Pfeffer und Salz abschmecken. Den restlichen Käse zu den Nudeln reichen.

Spaghetti Tres Formaggi

Für 4 Personen

300 g Spaghetti
Salz
150 ml Sahne
100 g Parmesan, frisch gerieben
100 g Fontina, grob gerieben
100 g Camembert, kleine Stücke
2 El Petersilie, fein gehackt
schwarzer Pfeffer

Die Hauptarbeit bei diesem Rezept besteht darin, daß Sie naturgereiften Käse einkaufen. Ansonsten sind die Nudeln in wenigen Augenblicken fertig. Statt Parmesan, Fontina und Camembert können Sie die Spaghetti mit mittelaltem Gouda, Gorgonzola und Brie umgeben. Wer's pikant mag, stäubt eine kräftige Prise Chilipulver darüber.

1. Spaghetti in reichlich Salzwasser al dente kochen. Sahne in einem kleinen Topf erhitzen.

2. In einer großen, vorgewärmten Schüssel die gut abgetropften Nudeln zuerst mit dem Käse, dann mit Sahne und Petersilie vermischen. Pasta mit Salz und Pfeffer kräftig abschmecken.

Mein Tip: Als leichte Begleitung gibt es zu diesem üppigen Pastagericht einen erfrischenden, bunten Gemüsesalat. Kleine Würfel von Tomaten, Paprika und jungen Zucchini, geriebene Karotten, Frühlingszwiebelringe, gehackten Knoblauch, Petersilie mit kaltgepreßtem Olivenöl und Sherryessig marinieren.

Penne mit Erbsen, Sahne und Räucherkäse

Für 4 Personen

1 Tomate
200 ml Sahne
300 g junge, tiefgefrorene Erbsen
300 g Penne
Salz
200 g Räucherkäse, fein gerieben
3 Frühlingszwiebeln, feine Ringe
2 EL Petersilie, fein gehackt
schwarzer Pfeffer

Naturgeräucherter Käse bringt ein deftiges Aroma an die Nudeln. Ein Schnellst-Gericht!

1. Tomate kurz in leicht kochendes Wasser legen, abgießen. Die Haut der Tomate abziehen, Kerne entfernen, die Frucht in sehr kleine Würfel schneiden.

2. Sahne in einem kleinen Topf zum Kochen bringen. Erbsen dazugeben, die Sahne etwas einkochen.

3. Nudeln in reichlich Salzwasser al dente kochen.

4. In einer großen, vorgewärmten Schüssel die gut abgetropften Nudeln zuerst mit dem Käse, dann mit Erbsensauce, Frühlingszwiebeln, Petersilie und Tomatenwürfeln vermischen. Mit Salz und Pfeffer abschmecken.

Mein Tip: Farbenfroh und raffiniert wird dieses Pastagericht mit roten Paprikastreifen. Damit die feste Paprikahaut den Genuß nicht stört, zwei ganze Paprikaschoten im Ofen 20 Minuten backen, Haut abziehen. Paprika in dünne Streifen schneiden und unter die Nudeln mischen.

Chow Mein

Gebratene Nudeln mit Tofu und Gemüse
Für 4 Personen

200 g Tofu
3 EL Sojasauce
2 EL Sherry
250 g chinesische Eiernudeln
Salz
4 EL Gemüsebrühe
1/2 TL Speisestärke
2 EL ÖL
2 Knoblauchzehen, fein gehackt
1 Chilischote, fein gehackt
1 TL Ingwerwurzel, fein gehackt
200 g Karotten, feine Stifte,
200 g Sellerie, feine Stifte
100 g Weißkraut, sehr feine Streifen
200 g Zucchini, dünne Scheiben
3 Frühlingszwiebeln, feine Ringe
1 TL geröstetes Sesamöl
1 EL Korianderblätter oder
2 EL Petersilie, fein gehackt

Ein chinesisches Grundrezept. Das Gemüse können Sie je nach Inhalt ihres Kühlschranks variieren, z. B. Lauch, Paprika oder Brokkoli. Die typisch chinesische Note bringen ein paar Tropfen geröstetes Sesamöl, Sherry, Sojasauce und Ingwer an die Nudeln.

1. Tofu in Würfel schneiden. Sojasauce und Sherry vermischen. Tofuwürfel darin 20 Minuten marineren. Tofu in ein Sieb abgießen, Marinade auffangen.

2. Nudeln in reichlich Salzwasser al dente kochen, in ein Sieb abgießen, kalt abschrecken, gut abtropfen lassen. Gemüsebrühe mit Tofumarinade und Speisestärke glatt rühren.

3. Öl im Wok erhitzen. Knoblauch, Chili und Ingwer darin kurz anbraten. Karotten, Sellerie und Kraut dazugeben. 2 Minuten unter Rühren braten. Zucchini, Frühlingszwiebeln und Tofu untermischen, leicht salzen, 3 Minuten unter Rühren braten. Nudeln hinzufügen, alles gut vermischen.

4. Unter Rühren braten, bis die Nudeln heiß sind. Sojamischung unterrühren, kurz aufkochen, bis die Sauce bindet. Die Nudeln vom Herd nehmen, mit Sesamöl würzen. Auf einer großen Platte anrichten und mit Kräutern bestreuen.

Thailändische Glasnudelpfanne mit gewürztem Sesam

Für 4 Personen

Im Nu ist die pikante Sesamwürze fertig: Sesam wird angeröstet und mit Gewürzen und geriebener Zitronenschale verrührt. Paßt zu allen asiatischen Nudelgerichten. Übrigens: Glasnudeln werden vor dem Braten nicht gekocht, sondern nur eingeweicht.

Gewürzter Sesam:
2 EL ungeschälter Sesam
$^{1}/_{2}$ TL Kreuzkümmel (Cumin)
$^{1}/_{2}$ TL Korianderkörner
1 gute Prise Chilipulver
abgeriebene Schale von $^{1}/_{4}$ unbehandelter Zitrone oder Limone
Salz

Nudeln:
200 g Glasnudeln (Vermicelli)
2 EL Öl
2 Knoblauchzehen, fein gehackt
1 TL Ingwerwurzel, fein gehackt
200 g Karotten, 3 mm feine Streifen
2 Stiele Stangensellerie,
dünne Scheiben
Salz
200 g Lauch, längs halbiert,
3 mm dünne Streifen
200 g Mungsprossen
1 EL Sojasauce
einige Tropfen geröstetes Sesamöl
1 EL Korianderblätter oder Petersilie

Gewürzter Sesam:
Sesam, Kreuzkümmel, Koriander und Chili im Wok unter Rühren kurz anrösten, bis die Sesamkörner anfangen hochzuspringen. Vom Herd nehmen, mit Zitronenschale und Salz vermischen.

Nudeln:

1. Nudeln mit der Schere in 10 cm lange Stücke schneiden. In reichlich warmem Wasser 5 Minuten einweichen, in einem Sieb gut abtropfen lassen.

2. Öl im Wok erhitzen. Knoblauch und Ingwer darin kurz unter Rühren anbraten. Karotten und Sellerie hinzufügen, leicht salzen, unter Rühren 2 Minuten braten. Lauch und Sprossen dazugeben, unter Rühren 2 Minuten mitbraten. Glasnudeln untermischen.

3. Die Nudeln unter Rühren 3 Minuten braten, mit Sojasauce und Sesamöl würzen. Nudeln anrichten, mit gehackten Kräutern und gewürztem Sesam bestreuen.

Indonesische Nudelpfanne mit Kokos-Zitronensauce

Für 4 Personen

70 g Kokosflocken
250 g chinesische Eiernudeln
Salz
2 EL Öl
2 Knoblauchzehen, fein gehackt
1 TL Ingwerwurzel, fein gehackt
1 rote Chilischote, fein gehackt
1 große rote Paprikaschote, sehr feine Streifen
300 g Brokkoli, ganz kleine Röschen
300 g Champignons, geviertelt
1/2 TL Koriander
1/2 TL Kreuzkümmel (Cumin)
1/2 TL Curcuma
1 Prise Kardamompulver
abgeriebene Schale von 1/4 unbehandelter Zitrone
1/2 TL Instant-Gemüsebrühe
1/2 -1 TL Zitronensaft
1-2 TL Sojasauce
2 Jungzwiebeln, feine Ringe
1 EL Korianderblätter oder Petersilie, fein gehackt

Eine asiatische Aromamischung bringen Kokosmilch, Zitrone, Currygewürze und frischer Koriander an die Nudeln. Statt der einzelnen Gewürze können Sie auch 1–2 TL Currypulver verwenden.

1. Kokosflocken mit 300 ml Wasser zum Kochen bringen. In ein Sieb abgießen, die Kokosmilch auffangen, Kokosflocken gut ausdrücken.

2. Nudeln in reichlich Salzwasser al dente kochen, abgießen, kalt abspülen, abtropfen lassen.

3. Öl im Wok erhitzen. Knoblauchzehen, Ingwer und Chili darin unter Rühren kurz anbraten. Paprika und Brokkoli dazugeben, leicht salzen, unter Rühren 2 Minuten braten. Champignons hinzufügen, unter Rühren 2 Minuten mitbraten. Die Gewürze, Zitronenschale und Kokosmilch hinzufügen. Die Sauce mit Gemüsebrühe abschmecken.

4. Das Gemüse zugedeckt 5 Minuten bei schwacher Hitze dünsten. Nudeln hinzufügen, unter Rühren erhitzen, bis die Nudeln heiß sind. Mit Zitronensaft und Sojasauce würzen. Die Nudeln auf einer Platte anrichten, mit Frühlingszwiebeln und Kräutern bestreuen.

Reisnudeln mit Sprossen, Pilzen und Spinat

Für 4 Personen

250 g breite Reisnudeln oder Eiernudeln
300 g tiefgekühlter Blattspinat
2 EL Sojasauce
2 EL Sherry (Medium)
1/2 TL Speisestärke
2 EL Öl
2 Knoblauchzehen, fein gehackt
1 Chilischote, fein gehackt
1 TL Ingwerwurzel, fein gehackt
300 g Austernpilze, geputzt, mundgerechte Stücke
200 g Mungsprossen
Salz
4 Frühlingszwiebeln, breite Ringe
3 EL geröstete Erdnüsse

Im fernen Osten brät man die Nudeln im Wok. Eine blitzschnelle, elegante Zubereitungsart, die allerdings nur funktioniert, wenn ununterbrochen gerührt wird. Denn im Wok herrschen auf Grund seines kleinen, abgerundeten Bodens sehr hohe Temperaturen. Da müssen Gemüse und Nudeln ständig in Bewegung gehalten werden, damit sie nicht ankleben.

1. Nudeln in reichlich Salzwasser al dente kochen, abgießen, kalt abschrecken, gut abtropfen lassen.

2. Spinat zugedeckt in einem Siebeinsatz über Wasserdampf auftauen, in mundgerechte Stücke schneiden.

3. Sojasauce, Sherry und Speisestärke glattrühren.

4. Öl im Wok erhitzen. Knoblauch und Chili darin unter Rühren kurz anbraten. Austernpilze und Sprossen dazugeben, leicht salzen, unter Rühren 2 Minuten braten. Spinat und Frühlingszwiebeln dazugeben, unter Rühren 2 Minuten braten.

5. Nudeln hinzufügen, unter Rühren braten, bis die Nudeln heiß sind. Die Sojamischung unterrühren, kurz aufkochen, damit die Sauce gebunden wird. Nudeln auf einer Platte anrichten, mit Erdnüssen bestreuen.

Soba, japanischer Nudeltopf

Für 3–4 Personen

200 g japanische Buchweizennudeln oder Spaghetti
Salz
750 ml Gemüsebrühe
3 EL Sherry (Medium)
1 EL Sojasauce
1 TL Honig
1 TL Ingwerwurzel, fein gehackt
100 g Karotten, dünne Scheiben
100 g weißer Rettich, dünne Scheiben
100 g Zuckererbsenschoten
200 g Tofu, kleine Stücke
4 Salatblätter, mundgerechte Stücke
2 Frühlingszwiebeln, feine Ringe
2 EL Meerrettich, frisch gerieben

Nudeln in gut gewürzter Brühe mit Gemüse und Tofu. Ein japanisches Leibgericht. Der Kunst, eine Nudelsuppe zu kochen, wurde in Japan der abendfüllende Spielfilm »Tampopo« gewidmet. Wenn Sie Gelegenheit dazu haben, schauen Sie sich den Film an. Danach werden Sie Nudeln mit anderen Augen betrachten und, durch soviel Hingabe inspiriert, vielleicht auch beginnen, die Perfektion im Kochtopf zu suchen.

1. Nudeln in reichlich Salzwasser al dente kochen, abgießen, gut abtropfen lassen. Nudeln auf Portionsschüsseln verteilen.

2. Gemüsebrühe mit Sherry, Sojasauce, Honig und Ingwer zum Kochen bringen. Karotten, Rettich, Zuckererbsen und Tofu zufügen, 3 Minuten köcheln.

3. Gemüse und Tofu mit dem Schaumlöffel aus der Suppe heben, mit den Salatblättern dekorativ auf den Nudeln arrangieren.

4. Die Brühe vorsichtig in die Schalen gießen. Soba mit Frühlingszwiebeln und Meerrettich bestreuen.

Udon-Nudeln mit fritiertem Tofu

Für 4 Personen

Öl zum Fritieren
200 g Tofu, 1 cm dicke, mundgerechte Stücke
200 g japanische Udon-Nudeln oder Spaghetti
Salz
1000 ml Gemüsebrühe
1 TL Ingwerwurzel, fein gehackt
abgeriebene Schale von 1/4 unbehandelten Zitrone
2 EL Sherry (Medium)
1 EL Sojasauce
200 g Brokkoli, kleine Röschen
100 g Champignons oder Shiitakepilze, dünne Scheiben
100 g Lauch, feine Ringe
einige Blättchen Brunnenkresse oder Petersilie

Udon, breite Nudeln aus Buchweizenmehl, finden Sie in japanischen Lebensmittelläden oder in Naturkostgeschäften. Statt Udon können Sie aber auch Spaghetti verwenden.

1. Reichlich Öl in einer Pfanne oder einem Wok erhitzen. Tofu darin rundum hellgelb braten, auf Küchenpapier abtropfen lassen.

2. Nudeln in reichlich Salzwasser al dente kochen, abgießen, abtropfen lassen. Das Timing ist perfekt, wenn die Nudeln gleichzeitig mit Gemüse und Tofu fertig sind.

3. Gemüsebrühe zum Kochen bringen, mit Ingwer, Zitronenschale, Sherry und Sojasauce würzen. Brokkoli hinzufügen, 4 Minuten köcheln. Pilze, Lauch und Tofu dazugeben, 3 Minuten zugedeckt bei schwacher Hitze köcheln.

4. Nudeln auf Portionsschüsseln verteilen. Gemüse und Tofu mit dem Schaumlöffel aus der Suppe heben, dekorativ auf die Nudeln legen. Gemüsebrühe vorsichtig in die Schüsseln gießen. Nudeltopf mit Brunnenkresse garnieren.